世博 WORLD'S FAIR and Stamp
與郵票

工業革命改變了人類的生活、工作常規以及無數的景觀，
1937年巴黎世界博覽會畢卡索的《格爾尼加》特別為世博而展出，
1962年西雅圖世界博覽會記載了太空時期的驚人科技……
以世博為主的收藏郵票，帶你進入各年代的極致之美及科技。

王華南—著

CONTENTS

歷屆世界博覽會

從世界博覽會
看近代文明發展

　　在2008年秋當筆者編著的「鐵路模型」出版後，許總編輯突然問筆者有收集世界博覽會的專題郵票嗎？筆者回答：「發行紀念1970年大阪萬國博覽會的郵票較多，其他各屆的則較少。」許總編輯接著說：「2010年上海舉行世界博覽會，我們計畫在2009年底出版一本有關世界博覽會的書，你來規劃吧！」於是筆者開始從我的收藏品中尋寶，同時進行內文和解說規劃，到了2008年底完成票品和圖片的彙整。2009年初進一步搜尋更詳細資料，發現還欠一些關鍵票品，於是趕緊向美國郵商訂購。過完陰曆新年假期，覺得應該讓本書的內容更加充實和有趣味性，於是從博覽會的展覽品和發行的票品圖案中做引申或附註說明，並介紹相關的資料和故事。筆者將附加的圖文歸納起來，發現最大共同處就是展現人類在不同時代的重大發明和發現，亦即在文明發展的偉大和重要成就，本書如同一本近代文明發展史的小百科。因為亨利·科爾是1851年倫敦世界博覽會的籌備負責人曾擔任現代郵票發明人「羅蘭·希爾」的助手，參與第一款郵票黑辨士的設計，所以引申介紹現代郵票的發明。

　　賴比瑞亞在1970年7月1日發行一套大阪博覽會郵票，其中面值25C分圖案主題是「佐渡舞蹈」，為了提高閱讀的趣味性，筆者附註

舞蹈源自一個傳說故事「貓的報恩」。2009年8月15日前往日本旅遊，無意中在東京目白地區的一棟大樓內發現一間郵趣賣店，趕緊入店尋寶，結果大有收穫，找到幾套1970年發行的大阪博覽會專題郵票，最令筆者興奮的就是買到日本在1958年8月20日發行佐渡彌彥國定公園郵票的原圖卡，其中一款是「佐渡舞蹈」。此外就是大兒子在尋找電車儲值卡時發現「近畿日本鐵道株式會社」在2005年發行一款紀念「愛知地球博」的乘車儲值卡，圖案主題是「愛知地球博」的吉祥物：森林小子和森林爺爺。

　　本書除了介紹屬於博覽會主題的票品，還包括可納入不同主題的票品，如科技類中的發明、發現、太空探險、建築景觀，文藝類中的名畫、美術設計，以及自然環境生態保護等，可以做為專題類郵品的參考資料。

　　在一年多的編著過程中，有幾次幾乎陷入困境，就是尋找票品圖案的解說資料，經過交叉比對後才能確認，有的圖說還得從非英文的網站去搜尋，所幸略曉日文、法文、西班牙文等，雖然關關難過、最後總算過。

　　例如：羅馬教廷郵政（義大利文POSTE VAITCANE俗譯為梵諦岡）在1964年4月22日發行一套紐約博覽會紀念郵票，每款圖案的左、上、右邊框印拉丁文「CIVITAS VATICANA UNIV. NEOEBORACENSEM EXPOSITIONEM PARTICIPAT」即「梵諦岡城邦參與紐約市世界博覽會」之意。其中NEOEBORACENSEM是紐約（拉丁文名詞主格是Neo-Eboracum）之意，其拼音和英文的NEW YORK實在差太多了，筆者略懂拉丁文所以從拉丁文網站去搜尋才得以確認。

本書主要分成四大部分：

第一、世界博覽會的簡介、由來、申請主辦程序、主辦的益處以及歷屆一覽表

第二、1851年第一屆世界博覽會至1967年蒙特婁世界博覽會，包含：

1889年巴黎世界博覽會

1937年巴黎世界博覽會

1939年紐約世界博覽會

1939年金門國際博覽會

1958年布魯塞爾世界博覽會

1962年西雅圖世界博覽會

1964／65年紐約世界博覽會

1967年蒙特婁世界博覽會

第三、1970年大阪萬國博覽會

第四、1971年布達佩斯世界狩獵博覽會至2010年上海世界博覽會，包含：

1974年斯波坎世界博覽會

1975年沖繩國際海洋博覽會

1982年諾克斯維爾世界博覽會

1984年路易西安那世界博覽會

1985年筑波科學博覽會

1986年溫哥華世界博覽會

1990年大阪國際花和綠世界博覽會

1992年塞維爾世界博覽會

1993年南韓大田國際博覽會

2000年德國漢諾威世界博覽會

2005年日本愛知國際博覽會

2008年薩拉戈薩世界博覽會

　　因為1970年大阪萬國博覽會是1851年至當時規模最大的一屆，在當時日本正邁入世界經濟大國，為了展現新興的國家實力，日本政府誠摯邀請世界各國參展，我國也受邀在內，結果不僅參展踴躍，連發行郵票也是盛況空前，就發行國別和種類而論創世界紀錄，至今仍未被打破，排名第二是1967年蒙特婁世界博覽會。由於1970年大阪萬國博覽會的圖文資料較多，所以另外編成一大部分。

　　由於本書篇幅有限，所以只得捨去幾次博覽會的相關圖文，附圖以筆者收藏的郵票為最多，其次是首日封和圖片等。筆者期盼透過精美的附圖以及內文的敘述、解說和考證，將本書成為心靈上的文化饗宴來分享諸位同好與愛顧賢達。謹此再度向諸位敬愛讀者致謝。

筆者 王華南

2009年8月30日

世界博覽會

▲世界博覽會的簡介

　　世界博覽會（World's Fair, World Exhibition or Exposition），又稱為國際博覽會及萬國博覽會，簡稱為世博會、世博、萬博，是一種由主辦國政府組織或政府委託有關機構舉辦的大規模國際性集會。發展至今已經約有150年的歷史，最初以美術品和傳統工藝品的展示為主，後來逐漸演變為參展者在固定場所及一定期間內展示本身在文化、科技和產業上的發展和成就，成為培育產業人才和一般大眾的啟蒙教育場所。世界博覽會的會場不只是做靜態的展示而已，也提供音樂、舞蹈、民俗表演等動態的藝文活動，成為觀眾的娛樂場所。所以世界博覽會一直朝向多元化的發展，以提升人類文明到達盡善盡美的境界為宗旨。

▲世界博覽會的由來

　　18世紀，隨著新技術和新產品的不斷出現，人們逐漸想到舉辦與市集相似，但只展不賣，以宣傳、展示新產品和成果為目的之展覽會。1791年捷克首都布拉格首次舉辦此類型的展覽會。隨著科學的進步，社會生產力的發展，展覽會的規模也逐漸擴大，參展的區域、範圍從地方性擴大到全國性，然後發展成為由許多國家參展的世界性博覽會。

　　現代世界博覽會的源起為1798年法國大革命時期在法國巴黎首次舉行國內的產業博覽會，直到1849年舉辦了11屆，當時法國總理就提議舉辦世界性的大規模博覽會，1851年終於在倫敦舉辦首屆世界博覽會。

▲世博會的申請主辦程序

申請：

依國際展覽局（簡稱BIE）規定，有意舉辦世界博覽會的國家不得早於舉辦日期的9年，向BIE提出申請，並繳交註冊費的10%。申請函包括開幕和閉幕日期、主題與組委會的法律地位。BIE將向各成員國政府公布此申請，並告知他們自公告到達之日期起6個月內提出是否參與競爭的意願。

考察：

在提交申請函的6個月後，BIE執行委員會主席將根據規定組成考察團，以確保申請的可行性。考察活動由BIE副主席主持，若干名代表、專家與秘書長參加。所有費用皆由申辦國負擔。考察內容：主題及定義、開幕日期與期限、地點、面積（總面積，可分配給各參展者面積的上限與下限）、預期參觀人數、財政可行性及財政保證措施、申辦國計算參展成本及財政和物資配置的方法（藉以降低各參展國的成本）、對參展國的政策和保證措施、申辦國政府對有興趣參與的各類組織態度等等。

投票：

如果申辦國的準備工作獲得考察團各方面的支持，全體會議將按常規在舉辦日期之前8年進行投票選舉。如果申辦國不只一個，全體會議將採取不記名方式投票表決。

若第一輪投票後，申辦國獲得三分之二票數，該國即獲得舉辦權。若任何申請均未獲得三分之二票數，則再次舉行投票，每次投票中票數最少的國家會被淘汰，隨後仍按三分之二票數原則確定主辦國。當只有兩個國家角逐時，根據簡單多數原則確定主辦國。

註冊：

獲得舉辦權之國家需依據BIE制定的一般規則與參展合約（草案）所確定的複審和接納文件，對展覽會進行註冊。註冊申請應在開幕日之前5年交付給BIE。這也是主辦國政府開始通過外交管道向其他國家發出參展邀請的時間。註冊即代表舉辦國政府正式承擔其申請時提出的責任，承認BIE所提出的標準，以確保世博會的發展符合規範及程序，保護各成員國的利益。BIE在收到註冊申請時，將向舉辦國政府收取註冊費的90%，其金額按BIE全體議會通過的規則確定。

▲國際展覽局

負責協調管理世界博覽會的國際組織是國際展覽局，成立於1928年，總部設在法國巴黎，其章程為《國際展覽公約》。該公約由31個國家和政府代表於1928年在巴黎簽署，分別於1948年、1966年、1972年以及1988年5月31日做過修正。至2009年3月15日，有154個成員國。

國際展覽局的宗旨是通過協調和舉辦世界博覽會，促進世界各國經濟、文化和科學技術的交流和發展。國際展覽局的常務辦事機構為秘書處，秘書長為該處的最高領導人。

▲主辦世界博覽會的益處

世界博覽會的主辦國家可以得到以下的益處：

1.主辦國可以將本國的產品和科研成果向來參觀的外籍人士推銷，拓展國際市場和加強科技合作。

2.透過各國在博覽會所進行的各項先進科技交流，主辦國和參展國均得以擴展視野。

3.主辦國可透過舉辦大規模國際性活動展示國力，提高該國的國際地位。

4.主辦國在經濟和國際貿易方面得到大幅成長。

5.主辦都市可以從配合博覽會的整體建築施工而加速都市建設。

6.主辦都市可以吸引國內外的觀光客，促進觀光旅遊業的發展。

由於好處多多，各國的大都市衡量本身的財務實力和對外聯絡交通狀況後，都會積極申請主辦。

正式的申請書得在預定的世界博覽會開幕日的前9年提出。2010年世界博覽會在上海舉行，上海市政府於2001年5月提出申請，2002年12月申辦成功，到2010年，前後需要用上將近10年的時間去籌備實現博覽會的夢想。基本上需要由申辦的國家向國際展覽局遞交世界博覽會申請書，提出舉辦時間和具體主題內容，由國際展覽局於成員國大會上投票表決。當申辦國成功申請後，便由該主辦國開始進行統籌規劃，其他各國亦可以透過邀請參予世界博覽會，以達到不同的國家可以在世界博覽會的大舞台，做文化、科技等方面的相互交流，為全世界的未來進步而出力。

▲世界博覽會可分為「註冊類」和「認可類」兩類

註冊類：

5年一次，展期通常為6個月的註冊類世界博覽會或環球博覽會，也稱為綜合性，第二次世界大戰結束後最著名也辦得最成功的四次：1958年由比利時的 ——「布魯塞爾」主辦、1967年由加拿大的「蒙特婁」主辦、1970年由日本的「大阪」主辦、1992年由西班牙的「塞維爾」舉辦。

認可類：

另一類則是穿插在兩屆註冊類世界博覽會之間，展期通常為3個月的認可類。世界博覽會或是國際或專業博覽會，如1986年由加拿大的都市溫哥華舉辦的國際博覽會、2008年由西班牙的都市「薩拉戈薩」舉辦的國際博覽會。

歷屆世界博覽會一覽

年份	舉辦國／都市	名稱	類型	天數	萬人	備註或主題
1851	英國／倫敦	萬國工業博覽會	綜合	140	604	展示館水晶宮獲特別獎
1855	法國／巴黎	巴黎世界博覽會	綜合	150	516	農、工、藝術
1862	英國／倫敦	倫敦世界博覽會	工藝	104	609	
1867	法國／巴黎	第2屆巴黎世界博覽會	綜合	210	923	增加文化內容
1873	奧匈帝國／維也納	維也納萬國博覽會	綜合	106	725	空前的建築設計
1876	美國／費城	費城美國獨立百年博覽會	綜合	159	800	美國建國一百年、新風格住宅、電話、打字機、縫紉機
1878	法國／巴黎	第3屆巴黎世界博覽會	綜合	190	1616	展出汽車、冰箱、愛迪生發明的留聲機
1883	荷蘭／阿姆斯特丹	阿姆斯特丹國際博覽會	綜合	100	880	園藝、花卉展覽
1889	法國／巴黎	世界博覽會（1889）	綜合	182	2512	法國大革命一百年，艾菲爾鐵塔落成
1893	美國／芝加哥	芝加哥哥倫布紀念博覽會	綜合	183	2700	哥倫布發現新大陸四百年
1900	法國／巴黎	第5屆巴黎世界博覽會	綜合	210	5000	世紀回顧
1904	美國／聖路易斯	聖路易斯百週年紀念博覽會	綜合	185	1969	該市成立百年，同年舉行奧運
1908	英國／倫敦	倫敦世界博覽會	綜合	220	1200	同年舉行奧運

1915	美國／舊金山	舊金山巴拿馬太平洋博覽會	綜合	288	1883	慶祝巴拿馬運河通航
1925	法國／巴黎	巴黎國際裝飾美術博覽會	專業	195	1500	宣揚「文藝新風尚」
1926	美國／費城	費城建國150週年世界博覽會	綜合	183	3600	紀念美國建國150年，興建10萬人體育館
1933	美國／芝加哥	芝加哥萬國博覽會	綜合	170	2257	進步的世紀
1935	比利時／布魯塞爾	布魯塞爾世界博覽會	綜合	150	2000	通過競爭獲取和平
1937	法國／巴黎	巴黎藝術世界博覽會	專業	93	870	現代世界藝術和技術
1939	美國／紐約	紐約世界博覽會	綜合	340	4500	建設明天的世界
1958	比利時／布魯塞爾	布魯塞爾世界博覽會	綜合	186	4150	科學、文明和人性
1962	美國／西雅圖	西雅圖21世紀博覽	專業	184	964	太空時代的人類
1964	美國／紐約	紐約世界博覽會	綜合	360	5167	通過理解走向和平
1967	加拿大／蒙特婁	加拿大世界博覽會	綜合	185	5031	人類與世界
1970	日本／大阪	日本萬國博覽會	綜合	183	6422	人類的進步和和諧
1971	匈牙利／布達佩斯	世界狩獵博覽會	專業	4	190	狩獵對人和藝術的影響
1974	美國／斯波坎	世界博覽會1974	專業	184	480	慶祝明日的清新環境
1975	日本／沖繩	沖繩世界海洋博覽會	專業	183	349	海－充滿希望的未來

年份	國家/城市	名稱	類型			主題
1982	美國／諾克斯維爾	諾克斯維爾世界能源博覽會	專業	152	1113	能源推動世界
1984	美國／紐奧良	路易西安納世界博覽	專業	184	734	河流的世界，水乃生命之源
1985	日本／筑波	筑波世界博覽會	專業	184	2033	居住和環境，人類居家科技
1986	加拿大／溫哥華	溫哥華世界運輸博覽會	專業	165	2211	世界通聯，世界脈動
1988	澳洲／布里斯本	布里斯本世界博覽會	專業	184	1857	科技時代的休閒生活
1992	義大利／熱內亞	熱內亞世界博覽會	專業	92	800	哥倫布，船舶和海洋
1992	西班牙／塞維亞	塞維亞世界博覽會	綜合	176	4100	發現的時代
1993	韓國／大田	大田世界博覽會	專業	93	1400	挑戰新的發展之路
1998	葡萄牙／里斯本	里斯本博覽會	專業	132	1000	海洋，未來的資產
2000	德國／漢諾威	漢諾威世界博覽會	綜合	153	1800	人類、自然、科技
2005	日本／愛知	愛‧地球博	專業	185		自然的睿智
2008	西班牙／薩拉戈薩	薩拉戈薩世界博覽會	專業	93		水和持續發展
2010	中國／上海	上海世界博覽會	綜合	185		城市，讓生活更美好
2012	南韓／麗水	麗水世界博覽會	專業			活著的大海，呼吸的沿岸
2015	義大利／米蘭	米蘭世界博覽會	綜合			食品，地球的能量

1851
第一屆世界博覽會

英文：New York World's Fair
主題：明日世界的建設
地點：美國紐約市
展期：第一期自1939年4月30日至10月31日，
第二期自1940年5月11日至10月27日。
參加國：64個
參觀人次：共計44,932,978人

　　萬國工業博覽會（Great Exhibition of the Works of Industry of all Nations，Great Exhibition成為特指這一場博覽會的專有名詞）是全世界第一屆世界博覽會，在英國首都倫敦的海德公園（Hyde Park）舉行，展期是1851年5月01日至10月11日，主要內容是世界文化與工業科技，藉著本屆博覽會英國展現了工業革命後，英國在科技上領先各國的高度成就，也就是展現當時英國雄霸全球的超級強權實力。

　　1851年在倫敦舉辦的第一屆世界博覽會，正處於英國最興盛的「維多利亞時代」，英國將原來舉辦博覽會的規模擴充，並將格局從歐美國際性放大到全球性，才促使第一屆世界博覽會成為人類文明的空前盛會，除了展現英國最強盛的經濟實力，也使得東西方的文化和文明產物能匯聚交流，不僅讓參展者、也讓來參觀的英國人和外國觀光客大開眼界。

　　維多利亞女王（Queen Victoria，1819年5月24日～1901年1月22

日），是英國迄今為止在位時間最長的君主，也是世界歷史上在位時間最長的女君主，她是第一個冠以「大不列顛和愛爾蘭聯合王國女王」和「印度女皇」名號稱呼的英國君主。維多利亞女王在位長達64年（1837年6月20日加冕～1901年1月22日），從她即位起，直到她去世後、第一次世界大戰爆發的1914年為止，史學家將這一段期間稱為「維多利亞時代」，是英國的鼎盛期。1914年第一次世界大戰爆發後，英國因戰爭耗損國力而開始走向衰微。

維多利亞女王在位期間，積極向外擴展，英國國勢達到空前強盛，勢力範圍遍及世界各地，包括加拿大、非洲南部、巴基斯坦、印度、孟加拉、馬來西亞、澳州和紐西蘭等地，全地球任何有日照的地方，都見得到大英帝國的米字旗在飄揚，因此被稱為「日不落帝國」時期，除了軍備武力居於世界第一超級強權，在經濟、科學、文學、藝術各方面都有很大的發展，現代的金融保險、郵政、電信、鐵路系統都源自於當時的英國。她統治英國的時期，被讚頌為「金碧輝煌的維多利亞時代」，這一段美好的歲月至今仍然令英國人懷念不已。

第一屆世博的源起

在阿爾伯特親王（Prince Albert，1819年～1861年，當時執政的維多利亞女王的夫婿）秉持開明思想和創新精神的組織下，成功地舉辦了1847、1848年的工業博覽會後，在1849年，藝術協會開始籌畫規模更大的博覽會時，阿爾伯特提出要求「博覽會必須是國際性的、包含外國產品參展」的構想，要求能在倫敦海德公園中找到最佳的展覽場地，以舉辦一屆大規模的世界博覽會。阿爾伯特認為：藝術和工業創作並非是某個國家的專有財產和權利，而是全世界的共有財產。

所以於1849年6月30日，一次歷史性的會議在白金漢宮召開，參加者

維多利亞女王登基一百五十周年紀念

英國在1987年9月8日發行一套維多利亞女王登基一百五十周年紀念郵票，共四款。

◆面值18 P辨士，主題是水晶宮。畫面右下是1851年的維多利亞女王肖像，右上是描繪「葛蕾絲‧達玲救助佛法郡號的生還者」，左下是維多利亞女王所喜好的畫家「蘭德細爵士」（Sir Edwin Henry Landseer）在1851年的傑作「峽谷的君主」（Monarch of the Glen，描繪在峽谷間的一頭大雄鹿）。

■ 佛法郡號是一艘400噸的輪槳蒸汽船（paddlesteamer）在1838年9月7日上午3點，航行於英格蘭東北部外海時，由於蒸汽發動機故障又遇到惡劣天候，不幸撞上大岩石而斷成兩半，被附近守燈塔的葛蕾絲‧達玲小姐發現，於是和她的父親威廉‧達玲（William Darling）划了一艘小舟（長6.4公尺）前去救人，划了約1550公尺，抵達大岩石第一次救起5個人，之後她的父親和獲救的3名船員划回去救起4位生還者，葛蕾絲‧達玲英勇的事蹟不久就傳遍了全英國，被讚揚為維多利亞時代的女豪傑。

◆面值22 P辨士，圖案主題「大東號輪槳蒸汽船」（PSS GREAT EASTERN）。1859年9月6日首航的大東號輪槳蒸汽船是當時噸位最大的船舶，畫面右下是維多利亞女王肖像，右上是維多利亞女王的夫婿－－阿爾伯特親王肖像。

■ 畢屯夫人（Isabella Beeton，1836年～1865年）編的畢屯家計管理書（Beeton's Book of Household Mana Germent）。該書在1861年出版，共1112頁，其中900多頁是食譜，大部分是彩色雕刻印版，受到許多婦女的喜好而成為暢銷書，第一年賣出6萬本，到了1868年總計賣了將近200萬本，被稱為維多利亞時代最實用的一本家計管理書。

有皇家藝術協會忠成員、全國博覽會委員會成員、建築公司代表和阿爾伯特親王。會上討論了舉辦世博會的構想，同時就如何舉辦世博會做出了七項重要決定，這些決定為舉辦世界博覽會確立了基本架構。

1.世界博覽會的展示品分為四個大類：原物料、機械、工業製品和雕塑作品。

2.建造一幢特別臨時建築做為世博會展覽廳。

3.舉辦場地選在海德公園南側。

4.博覽會將是國際性的，由國家發出官方參展邀請函。

5.委員會將提供大量獎金以鼓勵參展者。

6.成立一個皇家委員會來主辦世博會。

7.博覽會的資金募集由藝術家協會負責。

上述的決定在後來都被逐一實現，只是在獎勵方面改用榮譽獎牌取代了獎金。

會後，委員會立即向政府提出成立世界博覽會皇家委員會的申請。委員會成員拜訪了英格蘭、蘇格蘭和愛爾蘭的65個城鎮，試圖了解國內著名的製造商們對世界博覽會參展的想法，委員會還到法國等一些歐洲國家進行了參展遊說。

在1849年10月17日，委員會舉行了一次大規模的公聽會，亨利・科爾擔任親王的授權發言人，向倫敦市最有影響力的商界人士和銀行家描述了世界博覽會的整個規劃，將博覽會定為現代工業科技與設計的展示盛會。當投資者願意提供資金，解決了財務問題。很快地，國會的平民院（House of Commons相當於下議院）和貴族院（House of Lords相當於上議院）也以多數票同意在海德公園內舉行博覽會。

註 亨利・科爾（Henry Cole）世界博覽會的籌備負責人，1808年～1882年，皇室的機要秘書，曾擔任現代郵票發明人羅蘭・希爾（Rowland Hill）的助手，參與第一款郵票黑辨士（Penny Black）的設計。

親王與女王的幕僚們很熱衷地推動這項可營利的博覽會，終於說服英國政府於1850年1月3日成立了籌辦1851年博覽會的皇家委員

會（Royal Commission for the Exhibition of 1851），因此大幅提升舉辦博覽會的可行性，委員會成員包含英國當時最著名的工程師「布魯內爾」（Isambard Kingdom Brunel，1806年4月9日～1859年9月15日）。隨後，維多利亞女王便以國家名義向世界各國發出世界博覽會的參展邀請函。

　　輝煌的維多利亞時代其實就是處於近代人類文明史產生巨大改變的工業革命發展時期，套句現代的宗教術語，上帝關愛的眼光垂照英國，英國人在半個世紀內似乎脫胎換骨，發明和創新有如百花齊放，使得英國的產業突飛猛進。第一屆世界博覽會就是以工業革命的成果為主軸，再搭配各地具有特色的文明產物。

水晶宮

　　本屆博覽會最具特色的建築就是做為主要展覽會場的水晶宮（Crystal Palace），是現代化工業生產技術的結晶，由園藝師約瑟夫·帕克斯頓（Joseph Paxton）設計，在當時是一項對建築的大膽嘗試，他的構想靈感是出自園藝用的玻璃罩溫室。這棟建築使用了面積相當於84,000平方公尺約30萬片玻璃，由伯明翰（Birmingham）一玻璃供應商Chance Brothers提供。這家公司是當時唯一擁有可提供如此龐大需求的工廠，卻仍然必須從法國聘請技工協助，以趕上施工進度。而另一款主要建材是做為支架的鑄鐵，包括鐵柱3200根，鐵樑2300

條，佔地面積74,000平方公尺，這座巨大的玻璃建築物長約563公尺、寬約138公尺、高約31公尺，從打地基到竣工費時僅9個月，該建築物後來被遷移並且重建於倫敦南區的西德納姆（Sydenham）。

> 註 水晶宮是來自一家以諷刺插圖週刊雜誌《Punch 1841年創刊》因為該建築物整體透明、寬敞、光亮而給予的名稱。

展出及成就

　　水晶宮建造的同時，委員會加緊挑選和收集各類展品的工作。博覽會的參展單位除了英國本土的廠商，還包括當時屬於大英帝國的印度、加拿大、澳洲、紐西蘭等地以及歐洲的丹麥、法國、瑞士等國。委員會另設特別評選委員會對展品評選，由於對不同國家和不同展品進行評選畢竟是世界上的第一次嘗試，評選委員會吸取了法國工業展覽會的評選標準和藝術協會舉辦過的展覽經驗為基礎，確定了評選標準。其中以展品是否符合新穎、重要的發明、生產商（作者）的創意和藝術設計的優秀程度作為評選的根據。在13,000多件來自世界各地的展示品中，影響世界很大的包括蒸汽機關車、蒸汽輪船、起重機、廚房用具、信封製作機以及來自美國的收割機，評選委員會最後評出5084獎項，其中外國人獲得3045項。

　　1851年5月1日早上9時，水晶宮開門接納來參加開幕式的客人。50

萬多人聚集在海德公園四周。11時30分，皇家馬車列隊離開了白金漢宮前往海德公園參加世界博覽會開幕大典，12時的鐘聲響起，在《哈利路亞》樂曲聲中，王室和隨行人員進入展覽會場。

令觀眾最感興趣的是各種機器的發明，目瞪口呆地看著各種機器工作，有車床、鑽孔機、拉線機、紡紗機、造幣機、抽水機等等，這些不同的機器又透過特別建造的鍋爐房所產生的蒸汽來驅動，讓人們體會到工業革命帶給世界大又快的變化。

當然，最受讚譽的還是水晶宮，水晶宮原本是為世界博覽會的展品提供一個展示的場所，不料卻成為第一屆世界博覽會中最成功的作品和展品。水晶宮成為世界博覽會的標誌。共有6,039,195人次參觀了第一屆世界博覽會。

1851年10月14日倫敦世博會舉行閉幕式。世界博覽會圓滿結束，主辦單位宣佈博覽會獲得186,437英鎊的利潤。經皇家委員會的討論，決定除了付給帕克斯頓5000英鎊獎勵外，盈餘分成二個部分：第一、建立博物館用於教育民眾，在南肯星屯South Kensington購買87畝土地建立科學和藝術中心。（在該片土地上，現今建立了維多利亞和阿爾伯特博物館Victoria and Albert Museum、科學博物館、帝國科學和技術學院、皇家藝術和音樂學院以及1862年世界博覽會後建立的大英自然歷史博物館）第二、設立科學藝術獎勵基金。

看郵票遊世博

「工業革命先行者」郵票

英國在2009年3月10日發行一套「工業革命先行者」（Pioneers of the Industrial Revolution）郵票，共八款、售價4.28英鎊。工業革命改變了人類的生活、工作常規以及無數的景觀，本套特別發行的宗旨就是對有眼光、知識以及促使工業革命發生的創新者致崇高敬意。250年前，一些創新的科技和傑出的個人一起將英國推展到工業革命的前緣。英國被永遠地改變，人們從鄉村移入城鎮尋找在工廠工作。

工業革命的本質就是以機器取代人力，以大規模工廠化生產取代個體工場手工生產的一場生產與科技革命。由於機器的發明和運用成為了這個時代的標誌，因此歷史學家將這個時代稱為「機器時代」。

本套紀念的「工業革命先行者」不僅只是發明機器，他們也興建了道路、鐵路和運河的基礎結構，使得原料被送到工廠，製成品被運到市場，也為今日的大眾運輸系統鋪設基礎。

1 紀念馬修・布爾屯去世兩百五十周年和製造。

面值第一級郵資（1st Class，相當於36辨士）的圖案主題是紀念馬修・布爾頓（1728年～1809年）去世兩百五十周年和製造（Matthew Boulton – Manufacturing），圖案右邊是布爾屯的工廠。

！ 他是一位工廠的廠主和機械技師，他的梭荷工廠和資本贊助了詹姆士・瓦特製造蒸汽發動機，布爾屯和瓦特的發動機可以適用於各方面，從供應製造機器的動力到礦場排水所需的動力。

2 紀念詹姆士・瓦特和蒸汽發動機

面值第一級郵資（1st Class，相當於36辨士）的圖案主題是紀念詹姆士・瓦特（1736年～1819年）和蒸汽發動機（James Watt – Steam Engineering），圖案右邊是凝汽發動機（condensing engine）。

！ 瓦特在原有的紐科門蒸汽機（Newcomen steam engine）性能和結構上加以改良而發明新式蒸汽機，它被廣泛地應用在工廠成為幾乎所有機器的動力，改變了以往的生產方式，推動了技術進步並展開了工業革命的序幕。它使得工廠的位置不必再侷限於煤礦場附近，可以建立在更經濟、更有效率的地點，促進規模化經濟的發展，大幅提高了生產的產能，同時也提升商業投資的獲益率。新式蒸汽機提供一系列精密加工的革新可能，更精進的工藝促使各種機器包括蒸汽機本身的性能提高。經過不斷的改進，蒸汽機能引入更高氣壓的蒸汽，提升運轉效能，終於使得蒸汽機關車、蒸汽輪船很快相繼問世，引發運輸界一連串的大創新。為紀念瓦特的貢獻，國際單位制中的功率單位以瓦特命名。

3 紀念理查・阿克萊特和紡織品

面值50辨士的圖案主題是紀念理查・阿克萊特（1732年～1792年）和紡織品（Richard Arkwright – Textiles），圖案右邊是紡紗機。

！ 1769阿克萊特發明以水車為動力的水力紡紗機，可生產品質好的棉紗，1771年在德比郡開辦世界首家水力棉紡廠。他最偉大的成就是將動力、機器、工人和新的原料（棉）結合起來進行大量生產，因此被稱為當代最先進的企業家以及「工業革命之父」。

4 紀念約書亞・威治伍德和陶瓷器

面值50辨士的圖案主題是紀念約書亞・威治伍德（1730年～1795年）和陶瓷器（Josiah Wedgwood – Ceramics），圖案右邊是黑陶水瓶和和長春滕葉（ivy leaf）圖案的茶壺。

！ 約書亞・威治伍德是一位英國陶藝家，也是一位人道主義者——「反對奴隸制度」運動的健將。主要的貢獻是建立工業化的陶瓷生產方式，以及創立「威治伍德」陶瓷工廠。由於曾得過天花使他的膝蓋受到永久性的傷害，他無法用腳控制製作陶瓷器的拉胚機。因此從早期就開始專注於設計陶瓷器，而不是親自製作陶瓷器。

5 紀念詹姆士・布林德利和運河工程

面值72辨士的圖案主題是紀念詹姆士・布林德利（1716年～1772年）和運河工程（James Brindley – Canal Engineering），圖案右邊是「橋水運河的水道橋」（Bridgewater Canal Aqueduct）。

！ 布林德利出生在英國的德比郡，但大部分時間居住在斯塔福郡的利克鎮，他只受過很少的正規教育。但他負責設計和修建很多條運河，使他成為18世紀英國最著名的工程師之一。他的最著名成就是運煤的「橋水運河」，在1759年動工、1761年啟用通航，其中最巧妙的河段就是將運河以13公尺高度跨越位於巴爾屯的厄維爾河，該河段如同一座河水流過的水道橋。此款設計後來成為修建運河的參考範本，他也開創許多技術後來用於興建鐵路。終其一生共負責修建587公里長的運河和許多水力磨坊。

6 紀念約翰・麥克阿丹和道路興建

面值72辨士的圖案主題是紀念約翰・麥克阿丹（1756年～1836年）和道路興建（John McAdam – Road Building），圖案右邊是美國聯邦公路管理署提供的「築路場景畫」，描繪1823年美國採用麥克阿丹方法施工的情景。

！ 麥克阿丹發明新的道路興建方法，建造英國首條平坦又適合全天候的道路。麥克阿丹的方法是現在道路的底層鋪碎石礫然後，澆上一層煤炭煉成的焦油，焦油滲入碎石礫的隙縫後，焦油就會將碎石礫層凝固起來，現代道路的修築方法就是沿用麥克阿丹的方法，不同的是用柏油取代了焦油。

7 紀念喬治·史蒂芬生和鐵路

面值56辨士的圖案主題是紀念喬治·史蒂芬生（1781年～1848年）和鐵路（56p – George Stephenson – Railways），圖案右邊是「機關號」（Locomotion）蒸汽機關車模型。

! 史蒂芬生是世界上最著名的鐵路技師和工程師，他發明凸緣鋼輪（flanged wheels）和開創了鐵路的標準軌距（standard gauge 1,435mm公厘），改良鑄鐵的品質以確保鐵軌不會斷裂，最著名的兩項成就是：

◎第一、1825年9月史蒂芬生完成製造「機關一號」（原名Active後來改名LOCOMOTION 1）蒸汽機關車，它的最大改進就是首先採用連結桿驅動車輪取代之前的齒輪驅動，使得產生的動力更有效率，提升行車速度。1825年9月27日舉行鐵路通車儀式，由史蒂芬生親自操控「機關一號」首次公開運轉於史托頓及達靈頓鐵路（Stockton & Darlington Railway），成為世界上第一次公開載客及第一條固定營運的鐵路，也是近代鐵路運輸史的開端。

◎第二、1830年9月15日利物浦與曼徹斯特鐵路（Liverpool & Manchester Railway）舉行正式開始營運通車典禮，由史蒂芬生和年輕的司機「愛德華·因特微瑟」（Edward Entwistle，1815年出生，後來移居美國，據說在1906年去世）操控史蒂芬生父子製造的「火箭」（Rocket）號蒸汽機關車牽引旅客列車自出發利物浦，從此以後鐵路的列車就逐漸成為陸上的主要交通工具。

8 紀念亨利·茂德斯雷和製造機器

面值56辨士的圖案主題是紀念亨利·茂德斯雷（1771年～1831年）和製造機器（56p – Henry Maudslay – Machine Making），圖案右邊是桌形蒸汽機機器模型（因機器台座像桌子而得名）。

! 茂德斯雷是一位著名機器工具發明家，也是一位有遠見的企業家，當時已經察覺到機器的新時代需要用金屬去製造精密的機器工具。他首先製造車床、鑽孔機、木工所需的整套機器和工具以及其他實用的機器等。

布魯內爾

布魯內爾曾負責興建大西部鐵路（Great Western Railway），以及設計隧道、橋樑和能越過大西洋（transatlantic）的蒸汽輪船。

英國在2006年發行一套「布魯內爾」誕生兩百周年紀念郵票，共六款，圖案主題選自「布魯內爾」最著名的成就。

1 面值第一級郵資：圖案主題是「皇家·阿爾伯特橋」（ROYAL ALBERT BRIDGE）。

! 皇家·阿爾伯特橋是一座著名的鐵路橋樑，跨越英國西南部的「塔馬爾」河（Tamar），位於「普利茅斯」（Plymouth）和「鹽灰」（Saltash）之間，經過橋上的鐵路是「科尼許幹線Cornish Main Line」，該線由「普利茅斯」通往「片讓斯」（Penzance英國最西端的鐵路車站）。該橋是英國著名的鐵路工程師「布魯內爾」為「科恩瓦鐵路公司」（Cornwall Railway Company）所設計的上拱橋樑，整座橋包含兩段主要的上拱橋，橋墩間跨幅分別是455英尺（139公尺）、100英尺（30公尺），以及17個較短的橋墩間跨幅。1859年5月2日由當時英國的阿爾伯特親王主持開通典禮，以親王之封號命名為「皇家·阿爾伯特橋」。

2 面值40辨士的圖案主題是「盒子隧道」（BOX TUNNEL）。

! 盒子隧道位於英國南部，因鑽過「盒子山丘」（Box Hill）而得名，屬於大西鐵路，長度2937公尺，1836年動工，1841年完工通車。

3 面值42辨士的圖案主題是「帕丁屯車站」（PADDINGTON STATION）。

! 原屬於大西鐵路在倫敦的車站，1854年啟用，現今站內有一尊布魯內爾坐在椅子的彫像。

4 面值68辨士的圖案主題是「閨女頭橋」（MAIDENHEAD BRIDGE）。

! 閨女頭橋是一座跨越泰晤士河（River Thames）、磚造的鐵路橋（圖案中可以看到蒸汽機關車牽引的列車正在通過橋樑），由兩座跨幅皆為39公尺的拱橋組成，橋上鐵路是屬於大西鐵路的幹線，在1838年通車。

5 面值60辨士的圖案主題是「克利夫屯吊橋設計」（CLIFTON SUSPENSION BRIDGE DESIGN）。

! 布魯內爾在1831年3月16日贏得設計競標，但是籌措的資金不足，建築工程受到拖延，布魯內爾在1859年去世、無法目睹完工，直到1862年再度動工，直到1864年才完工。位於英格蘭西南部布里斯托（Bristol）附近，跨越阿逢河峽谷（Avon Gorge），吊橋中段跨幅214公尺、全長414公尺、離河面高度75公尺。

6 面值47辨士的圖案主題是「大東號輪槳蒸汽船」（PSS GREAT EASTERN）。

! 大東號輪槳蒸汽船是一艘鐵殼附帆桅的蒸汽動力船，1858年1月31日下水時是全世界噸位最大的船舶，長211公尺、最寬幅25公尺、排水量32,160噸，航速每小時24公里，船員數418名，最多載客數4000名。為何有建造如此巨大船舶的動機？原來在1851年的第一屆世界博覽會中，許多英國民眾從美國的宣傳和展示品，明瞭當時的美國是如此的富有和擁有豐富天然資源，並且還有廣闊的土地可供開發，於是掀起了一鼓新興移民潮。布魯內爾認為船公司當然要掌握載運大量移民的商機，於是引發建造大船的構想，才符合當時提倡的經濟規模觀念。1860年6月17日從英國南部的南安普頓港（Southampton）出發，做首次越過大西洋的長程航行，經過10天又19小時，抵達美國東海岸的紐約，付費的乘客只有38位，但是其中有一位年輕的法國科幻小說家裘理‧維恩（Jules Verne，1828年～1905年，《環遊世界80天》的作者），後來根據此次的航行經驗寫了一本《浮動城市》（The floating city）的小說，在1871年出版。

位於加勒比海的內維斯（Nevis）在1985年8月31日為紀念大西鐵路創立一百五十周年（150 th ANNIVERSARY OF THE GREAT WESTERN RAILWAYS 1835～1935，印在郵票圖案的上緣）發行一套著名蒸汽機關車及設計師專題郵票，採左右聯刷方式印製，其中面值25分的左聯圖案主題是「布魯內爾」肖像、右聯圖案主題是1859年由蒸汽機關車牽引的一列客車正經過「皇家‧阿爾伯特橋」。

現代郵票的發明

在現代郵票發明以前，英國的郵政是採取郵差向收件人收取郵費的方式。據說有一位長得很漂亮的小姐經常收到男士向她請求約會的情書，起初覺得很好玩，就付了郵費將信收下來，後來她感到十分厭煩，於是拒絕收信，郵差只好將信帶回來交給寄信人，接連發生很多次，局長就向郵務總長報告這種收不到郵資又浪費郵差往返時間的嚴重情況。郵務總長決定改為由寄信人先付郵資的方式，並且公開徵求解決的辦法。最後採納由「羅蘭‧希爾」老師提出的改革方案，凡是寄到英國本土所有地區的郵件採單一費率，每0.5英兩重量的信收1辨士，由寄件人先購買郵票貼在信封上，最初款式的郵票面值是1辨士，由「羅蘭‧希爾」設計，圖案選用當時英國的女王一維多利亞肖像，因為用黑色印刷，所以稱為「黑辨士」Penny Black，在1840年5月1日正式發行。

而整版郵票就是現在集郵界所稱的大全張，內含240枚「黑辨士」，它的排列方式是每一直行有20枚（在郵票的左下角印英文大寫字母，由上至下依序為A、B、C、D、E、F、G、H、I、J、K、L、M、N、O、P、Q、R、S、T）、每一橫排有12枚（在郵票的右下角印英文大寫字母，由左至右依序為A、B、C、D、E、F、G、H、I、J、K、L），所以第一橫排由左至右為AA、AB、AC……直到AL，第二橫排依序為BA、BB、BC……直到BL，為何會做這樣的安排呢？原來是配合當時英國的貨幣單位，1英鎊等於20西令，1西令等於12辨士，所以1英鎊等於240辨士。每一枚郵票面值1辨士，每一橫排有12枚，合計面值12辨士，就是每一排郵票的售價剛好是1西令，而大全張有20行售價20西令，也就是240辨士剛好1英鎊。由於當時的大全張沒有打齒孔，所以在郵局出售郵票時，郵務人員就要拿剪刀把郵票剪開來。

1970年9月18日英國為紀念在倫敦舉辦的國際郵展，發行一套郵票，其中面值5辨士的圖案就是複印全世界第一款郵票——「黑辨士」，該枚郵票的左、右下角各印「P」、「L」，也就是第20排的最後一枚。

註 當時1辨士的購買力價值，如果以現今台灣寄普通信件（即俗稱的平信）的基本郵資是新台幣5元做對應比較，因為240辨士等於1英鎊，以5元乘以240，所以當時1英鎊的購買力價值相當於現今的新台幣1200元。

1979年8月22日英國為紀念「羅蘭・希爾」去世一百周年，發行一套郵票，其中面值10辨士的圖案是「羅蘭・希爾」、面值15辨士的圖案是「1840年實施單一郵資後，媽媽帶女兒去郵局寄信的情景」。由於「羅蘭・希爾」一生為改革和發展郵政作出重大貢獻，被讚譽為「近代郵政之父」。1846年被任命為Secretary to the Postmaster General英國郵務大臣，1860年被封為上級爵士，1879年被贈予倫敦市榮譽市民，同年在倫敦逝世，享年85歲。

1889
巴黎世界博覽會

英文：The Exposition Universelle of 1889
主題：紀念法國大革命一百周年
地點：法國巴黎
展期：1889年5月5日～10月31日
參加國：35國
參觀人數：32,250,297人

　　1889年世界博覽會在法國首都巴黎舉行，自5月5日至10月31日，為期共150天，目的是紀念法國大革命起點——巴士底監獄暴動一百周年。在本屆世界博覽會，埃菲爾鐵塔（Eiffel Tower）是最突出的地標，於1889年建立完成，並且以它做為展覽會場的入口。巴黎曾在1855年、1867年、1878年舉行過世界博覽會，在1889年所舉行的世界博覽會算是第四次。埃菲爾鐵塔成了巴黎最著名的地標、建築史上的技術傑作，更因為埃菲爾鐵塔，世博在人們心中留下了指標性的記憶，且埃菲爾鐵塔每年吸引上百萬的遊客，成為巴黎最著名的地標和觀光景點，它也被稱為巴黎最高、最大和

最有價值的「搖錢樹」，算是世博所帶來的意外之財。

　　本屆博覽會有35個國家參展，佔地0.96平方公里（96公頃），展覽會場包括戰神廣場（Champs de Mars）、投加得厚宮（Palais du Trocadéro）、奧塞碼頭（quai d'Orsay）、一部份的塞納河河畔和榮譽軍人院廣場（Esplanade des Invalides）。

> **註** 戰神廣場是一個座落於巴黎第七區的廣大帶狀公園，介於位在廣場西北方的埃菲爾鐵塔，以及在廣場東南方的軍事學校之間，在18世紀中期之前，是一塊被遺棄的空地，直到軍事學校在1765年建立，它的地位才逐漸提升，當時主要的目的是做為軍事訓練的場所。

看郵票遊世博

巴士底

法國（République Française，法蘭西共和國）在1971年7月10日發行一款歷史系列專題郵票，面值0.65法郎圖案主題是1789年7月14日在巴黎的巴士底監獄發生暴動。

❗ 巴士底（Bastille）是一座曾經位於巴黎市中心的堅固要塞，高30公尺，有七座塔樓，上面架著大炮，裡面有座軍火庫。建造於12世紀，當時是一座軍事城堡，做為防禦百年戰爭英國人的進攻。後來，在巴黎市區逐漸擴大，巴士底要塞成了市區東部的建築，失去了防禦外敵的作用。18世紀末，它是控制巴黎的制高點，裏面駐紮了大量軍隊，專門監禁政治犯，因此當時的民眾認為巴士底監獄是法國王權專制獨裁的象徵之一。19世紀的浪漫派史學家將1789年7月14日巴士底監獄被人民佔領的事件描述成偉大的革命功績，自1879年起，為了紀念法蘭西第一共和國的成立，法國政府宣布每年的7月14日定為國慶日。

拿破崙

◆摩納哥（Monaco）在1969年4月26日發行一款拿破崙一世誕生兩百周年紀念郵票，面值3法郎（航空郵資），圖案採用法國著名學院派畫家「保羅·德拉羅謝」（Paul Delaroche，1797年7月17日～1859年11月4日）所畫的拿破崙一世皇帝著軍服肖像圖，約為1840年代的畫作。

◆位於中東的馬那馬（MANAMA，馬那馬，阿集曼屬地，現今屬於阿拉伯聯合大公國）在1971年發行一套拿破崙去世一百五十周年（NAPOLEON'S MEMORIAL ANNIVERSARY 1821～1971）紀念郵票，其中面值5里爾（Riyal）的圖案主題是安放於榮譽軍人院內的拿破崙靈柩。

榮譽軍人醫院

◆法國在1946年3月11日發行一款附捐郵票，面值4F＋6F法郎，購買本款郵票需付10F法郎，其中4F法郎做為郵資、6F法郎做為捐給戰時負傷軍人的附加捐款（LES PLUS GRANDS INVALIDES DE GUERRE印在圖案下方），圖案主題是榮譽軍人院的圓頂教堂。

◆法國在1974年6月15日發行一款紀念榮譽軍人醫院創立三百周年（TRICENTENAIRE DE LA FONDATION DE L'HOTEL DES INVALIDES印在圖案上緣）郵票，面值0.4F法郎，圖案上面印主建築入口處外牆雕塑是路易十四騎馬像、下方是紀念牌（雕刻榮譽軍人院的全景）。

❗榮譽軍人醫院之法文原意是傷兵醫院、療養院，性質和台灣的榮民醫院以及榮民之家相似。位於巴黎第七區，著名的歷史建築物。最初是在1671年法國國王路易十四為照顧傷兵而建立的軍醫院和療養院，1674年完工後第一批傷患入院。而最顯著的地標建築物是附屬的法國巴洛克式圓頂教堂在1677年動工、1706年完成，教堂下方有個著名的陵墓，就是安置拿破崙和他的親屬、當代名將的靈柩。每天吸引大量的遊客，拿破崙的靈柩（在1861年遷葬於此）位於一樓的中央處，遊客可以從二樓環形走廊朝一樓瞻仰。其中一部分建築改為軍事博物館公開讓民眾參觀。

埃菲爾鐵塔

埃菲爾鐵塔是巴黎最著名的地標、建築史上的技術傑作。

1884年11月8日，法國政府宣布將於1889年在巴黎第四度舉行世界博覽會，以紀念法國大革命一百周年。1886年5月，法國政府向世界公開招標：為籌備此次博覽會而舉辦紀念性建築物的設計競賽，在巴黎戰神廣場設計一座高塔。最初的要求並無特別之處，只要高塔能吸引參觀者前來購票，且在世界博覽會結束後能輕易拆除。共徵得100多個方案，最後由橋樑工程師古斯塔夫·埃菲爾（Gustave Eiffel）設計的高度300公尺鐵架塔奪標，頂端的天線高度24公尺，總高度324公尺。當時被稱為前所未有的設計，而埃菲爾設計的鐵塔能入選的原因其實就是它的優點與特色。

◎設計的重點訴求：

鐵塔的造型注重力學與美學的結合。

就300公尺而言是當時全世界最高的建築物，對當時的科技是項嚴峻的挑戰，高的建築物更需考量安全，鋼架結合成鏤空網狀的優點是：

一、可以承受較大的風壓及減輕鐵塔的重量

二、施工期短（前後共26個月）、節省人工（300名鐵架工人），自然降低費用。因埃菲爾是位橋樑工程師，於是將曾設計過的鐵路半圓形拱橋結構方式運用到鐵塔的底部支架，成為最有說服力的實證。

◎就力學的觀點來看：

四個半圓形拱彼此相連形成穩固的基座，接著往上內縮呈小圓弧狀撐起一座高鐵架。

◎就美學觀點來看：

鐵塔整體造型的外觀如同美女倒立的一雙纖細玉腿。

埃菲爾鐵塔從1887年起建，分為三層，分別離地面57.6公尺、115.7公尺和276.1公尺，其中第一、二層設有餐廳，第三層建有觀景台，從塔座到塔頂共有1711級階梯，共計使用鋼鐵7000噸、12000個金屬部件、250萬隻鉚釘，造型極為壯觀。

法國在1939年5月5日發行一款埃菲爾鐵塔建立五十周年紀念郵票，面值90c＋50c，90c做為郵資、附加的50c做為慶典活動的捐款，圖案主題是埃菲爾鐵塔。

1889年5月15日，世界博覽會開幕式在埃菲爾鐵塔底剪綵舉行，鐵塔的設計師埃菲爾親手將法國國旗升上鐵塔的300公尺高處，為了紀念他對法國和巴黎的不朽貢獻，特別還在塔底為他塑造了一座半身銅像。

按照原本的規劃，埃菲爾鐵塔在世界博覽會結束後就要拆除，但是拆除又要一筆龐大經費，然而當時的巴黎市民都認為鐵塔不僅造型雄偉而且和周遭的建物、景觀也很搭配，於是出現永久保留的呼籲。20世紀初無線電的通訊、廣播技術出現後，不再有人提起要拆除鐵塔，因為埃菲爾鐵塔是巴黎的最高點所在，鐵塔的頂端架設無線電的天線，電波的發射功效甚佳。鐵塔上的無線電設備在第一次世界大戰中截獲了大量的德國軍方密電，之後法國軍方更覺得它的重要性。就因為如此，巴黎在第二次世界大戰時曾經被德軍佔領，鐵塔差點被德軍毀掉。第二次世界大戰結束後，鐵塔曾被當做氣象觀測站、航空通訊台、無線電台和電視台的發射站，不過最主要的用途還是觀光，每年吸引上百萬的遊客，成為巴黎最著名的地標和觀光景點，所以埃菲爾鐵塔被稱為巴黎最高、最大和最有價值的「搖錢樹」。

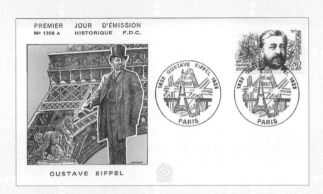

◆法國在1982年12月18日發行一款埃菲爾（1832.12.15～1923.12.28）一百五十周年誕辰郵票，面值1.80＋0.40F法郎，圖案主題是埃菲爾、背景是埃菲爾鐵塔的鐵架。附圖是郵票發行首日封，蓋發行首日紀念郵戳，首日封的左圖是埃菲爾站在鐵塔前。

◆瓦利士與富士那群島（法國位於南太平洋的屬地）在1983年2月14日發行一枚埃菲爾紀念郵票，面值97F法郎，圖案是用素描方式描繪埃菲爾的頭部、背景左邊是埃菲爾鐵塔，右邊是埃菲爾負責建造的「加拉比」（GARABIT）鐵路拱橋。附圖是本枚郵票的精緻試印版張（Deluxe Die Proof亦有譯為豪華試模版張），右下印「IMPRIMERIE des TIMBRES-POSTE- FRANCE」即「法國‧郵票印製廠」之意。當郵票的模版製妥、用色也調好，就必需試印幾張做仔細檢查，後來印製廠應郵迷的殷切需求多印一、兩百張透過代理商出售，如果郵票本身是熱門的專題郵票，相關的試印版張自然就成為郵迷追逐的對象。

1937
巴黎世界博覽會

英文：International Exposition dedicated to Art and Technology in Modern Life
主題：現代生活的藝術和科技（Arts and Technics in modern life）
地點：法國巴黎
展期：1937年5月25日～1937年11月25日
參加國：44個
參觀人數：31,040,955人

　　1937年在二次大戰前一觸即發的緊張氣氛下，展開了巴黎世界博覽會。那時面臨著許多嚴峻的考驗，經濟大蕭條、失業狀況加劇、通貨膨脹、城鄉矛盾及殖民地矛盾等一系列問題，都讓人頭痛不已。主辦單位特別邀請了超過2000多位藝術家，為此次博覽會繪製壁畫，以充實展館，這些壁畫成為各展館所共有的裝飾，在會場上受到熱烈討論，其中最著名的就是畢卡索所畫的《格爾尼加》。

　　而廈佑宮（Palais de Chaillot）和埃菲爾鐵塔一樣，都是專為世博所建造的，但廈佑宮並沒有成為注目的焦點。廈佑宮是1937年巴黎為舉辦萬國博覽會所興建，取代1878年所建的投加得厚宮。建築採新古典風格，兩側各有195公尺長的弧形建築，從遠方看來像

◆1937年巴黎世界博覽會之前，在埃菲爾鐵塔旁的塞納河邊正堆積著興建外國展示館的物料。

似雙手環抱的模樣、非常對稱美觀。據稱拿破崙在他的全勝時期，原本打算在此為兒子（封號：羅馬王）蓋一座史上最大的宮殿，但隨著他在滑鐵盧大敗後失去政權就再也無法完成這個心願，最後只完成宮殿部份的城牆。從廈佑宮下方的投加得厚宮公園可以看到廈佑宮全貌，公園正中央有個美麗的巨型噴泉。1948年12月10日在廈佑宮舉行的聯合國大會以48個成員國贊成（無反對票、8個成員國棄權）通過接納「世界人權宣言」是一份旨在維護人類基本權利的重要文獻，也是代表現代文明最珍貴的普世價值觀。廣場上有個紀念碑，所以稱為「人權宣言廣場」。

　　儘管如此，本屆仍是展現出其特點，以主題現代生活的藝術和科技，在主展館中展出了許多史上「第一」，像是世界上第一批電視機、世上第一輛自行車、世上最老的蒸汽機等，為世博在史上留下了豐富的資料。

◆從埃菲爾鐵塔俯瞰廈佑宮（攝影‧黃可萱）。

看郵票遊世博

巴黎國際博覽會紀念郵票

法國在1937年2月15日發行一款巴黎國際博覽會紀念郵票，面值1.50法郎，圖案是象徵法國的馬利安娜（Marianne，寓意自由和理性）女神右手掌中站著一尊象徵博覽會的仕女像，左下是巴黎市的徽章。

現代巴黎著名建築

法國在1989年4月21日發行一套五枚聯刷郵票，面值均為2.20法郎，圖案主題是巴黎的著名建築，由左至右分別是：

1 防衛的凱旋門「L'ARCH DE LA DEFENSE」。

2 埃菲爾鐵塔「TOUR EIFFEL」建立一百周年（ANS）紀念。

3 羅浮宮「GRAND LOUVRE」美術館的玻璃金字塔，在1984年由當時法國密特朗總統（François Mitterrand）委託華裔著名設計師貝聿銘設計，1989年完工，高20.6公尺、每個底邊長35公尺。

4 聖母院天主教堂。

5 位於巴士底廣場的七月圓柱紀念碑和歌劇院。

夏佑宮

◆法國在1948年9月21日發行一套聯合國大會紀念郵票，共兩款，圖案中上印「NATIONS UNIES」即「聯合國」之意，面值12法郎的圖案主題是從投加得厚宮公園看夏佑宮正面，面值18法郎的圖案主題是從側面鳥瞰夏佑宮。

◆法國在1951年11月6日發行一套1951年度聯合國大會紀念郵票，大會就在發行首日當天開幕，共兩款，面值18、30法郎圖案相同，中上印「NATIONS UNIES」即「聯合國」之意，圖案主題是夏佑宮和埃菲爾鐵塔（位於中間）。

◆聯合國在1960年2月29日發行一套紀念1948年和1951年聯合國大會在巴黎的夏佑宮（PALAIS DE CHAILLOT, PARIS印在圖案右上處），共兩款，面值4C分和8C分，圖案相同主題都是夏佑宮，4C分和8C分的下緣分別印英文GENERAL ASSEMBLY和法文ASSEMBLÉE GÉNÉRALE即聯合國大會（一年一次）之意。

巴黎著名觀光景點1

位於加勒比海的安提瓜與巴布達（ANTIGUA & BARBUDA）在1989年為紀念當年在巴黎舉行的法蘭西郵展（PHILEXFRANCE'89）發行一套郵票，共八款，該次郵展是為了紀念1789年法國大革命兩百周年，圖案主題以迪斯尼的卡通人物遊覽巴黎著名觀光景點和地標。

1

2

1 面值1c分：「FLYING OVER THE SEINE RIVER」，米奇操控直昇機和他的同伴米妮觀賞塞納河。

2 面值2c分：「THE ARCH TRIUMPH ON THE PLACE CHARLES DE GAULLE」，古飛狗（Goofy）騎摩托車載米奇經過在「戴高樂廣場」的凱旋門。

3

4

3 面值3c分：「PAINTING THE CATHEDRAL OF NOTRE DAME」，米奇在塞納河畔畫聖母院天主教堂，米妮在旁擺姿勢。

4 面值4c分：「FINDING THE WAY BY METRO」，米奇牽者寵物狗「普魯投」（Pluto）和米妮走出地下鐵的出入口。

註 「戴高樂」將軍在第二次世界大戰中領導法國流亡政府，戰後當選總統。

5

6

5 面值5c分：「HIGH FASHION AT A FAMOUS COUTURE」，米妮裝扮成高級時尚的模特兒在著名時裝店的伸展台上表演，米奇和古飛狗在右側欣賞、唐老鴨和黛西鴨（Daisy Duck）在左側欣賞。

6 面值10c分：「A NIGHT AT THE FOLLIES」，黛西鴨、米妮和克拉拉美牛（Clarabelle Cow）在表演舞蹈劇，米奇和古飛狗在台下欣賞。

7

8

7 面值＄5元：「SHOPPING THE STALLS ALONG THE SEINE」，米奇和米妮在塞納河畔的攤位購物，古飛狗成為老闆。

8 面值＄6元：「SIDEWALK CAFÉ ON THE LEFT BANK」，米奇和米妮在塞納河左岸路旁的人行道咖啡座上享用飲料。

巴黎著名觀光景點2

位於加勒比海的格瑞那達附屬地（Grenada Grendines）在1989年為紀念當年在巴黎舉行的法蘭西郵展（PHILEXFRANCE'9）發行一套郵票，共八款，該次郵展是為了紀念1789年法國大革命兩百周年，圖案主題以迪斯尼的卡通人物遊覽巴黎著名觀光景點和地標。

1 面值1c分：米奇和唐老鴨在軍事學校「ECOLE MILITAIRE」操場準備搭乘氣球，唐老鴨用鼓風箱在灌氣。

2 面值2c分：米奇和米妮乘觀光船遊塞納河，經過巴黎古監獄「CONCIERGERIE」，外觀像似中古世紀的城堡。原本是法國王室的宮殿，1391年被改為監獄。位於巴黎市政廳以西，靠近聖母院天主教堂。它是大型建築物司法宮（Palais de Justice）的一部分。在法國大革命期間，許多政治犯先被關在這座監獄，然後被設在大廳的革命法廷判死刑，最後送上斷頭台。該建築在1914年結束當做監獄的用途，改為國家歷史遺跡開放讓大眾參觀。

3 面值3c分：米奇站在巴黎市政廳「HOTEL DE VILLE」前，手持法國的三色旗。

4 面值4c分：米奇手持掛著法國國旗的樹木，向位於巴士底廣場的七月圓柱紀念碑「GENIE OF THE BASTILLE」致敬。七月圓柱由法國國王路易·菲立（Louis-Philippe，1773年10月6日～1850年8月26日；1830年就位～1848年退位），於1833年至1840年興建，是為了紀念1830年的七月革命。

5 面值5c分：米奇和米妮乘車到達巴黎歌劇院「THE OPERA HOUSE」，將前往欣賞歌劇。

6 面值10c分：米奇和米妮在巴黎的盧森堡花園「GARDENS OF LUXEMBOURG」內共騎協力腳踏車。

7 面值＄5圓：米奇操控飛機飛越防衛的凱旋門「L'ARCH DE LA DEFENSE」，位於巴黎的防衛區，高110公尺，深112公尺，橫跨幅108公尺的「門」字型巨大建築，1984年開始興建，歷時約六年，1989年工程全部竣工。安裝在兩門柱之間的整體透明圓柱形電梯可以將觀光客人帶到新凱旋門的最上層（第35層）展望台，俯視巴黎美景。

8 面值＄6圓：米奇扮成拿破崙站在旺多姆廣場「PLACE VENDOME」，位於法國巴黎第一區，廣場中央的旺多姆廣場圓柱（La Colonne Vendôme）是由拿破崙下令建造，以紀念奧斯特利茨戰役（Bataille d'Austerlitz）大勝利，建材取自戰場上擄獲的青銅砲，圓柱直徑3.6公尺、高44.3公尺。

註 La Défense在法文是防衛之意，其取名源自普法戰爭（1870年7月19日至1871年5月10日）期間，巴黎軍民在此地作防衛戰而設立紀念碑。現今當地成為巴黎的新興商業區，高層大樓林立。

註 該戰役主戰場位於捷克的布爾諾（Brno）近郊，1805年12月2日拿破崙率領法國陸軍擊敗奧地利和俄國聯軍。

畢卡索的壁畫《格爾尼加》

畢卡索受託繪作的壁畫《格爾尼加》在本屆博覽會展出。

作畫的緣起

格爾尼加是西班牙東北部瓦斯可地區的小鎮，2008年統計人口數為16,255。當西班牙內戰時，因該鎮是共和軍撤退的要道，支持共和政府的瓦斯可軍隊駐守該鎮，1937年4月26日由弗朗哥將軍領導的國家主義派軍隊得到德國派遣的「禿鷹軍團」（Legion Condor，兵員約5000多人）支援轟炸，結果建築物受到嚴重破壞，瓦斯可政府於是大肆宣傳，誇稱1654人死亡、889人受傷，以當時該鎮人口約5000多人的比率，可以說是十分慘重，其目的是為了爭取國際間的同情、並對弗朗哥將軍施壓，共和政

◆波蘭在1981年3月10日為畢卡索誕生一百周年紀念而發行，左聯是畢卡索肖像，右聯是名作《哭泣的婦女》。

府更是把握機會，請認同共和政府的名畫家畢卡索（Pablo Picasso）繪作一幅《格爾尼加被轟炸的慘狀》的大壁畫，將此畫掛在1937年巴黎世界博覽會的西班牙展示場表達抗議。

《格爾尼加》的外出和回歸

　　畢卡索的思想偏向社會主義（也就是左傾思想），於是欣然答應，在5月1日立即著手壁畫的素描，到6月中旬完成，畫幅349公分× 776公分。西班牙內戰在1939年3月底結束，本畫在倫敦等地巡迴展出。1939年9月1日德國軍隊以閃電戰攻擊波蘭，爆發了第二次世界大戰，於是送到紐約近代美術館展覽並且代為保管，直到1981年歸還西班牙，現今珍藏於馬德里的索菲亞王后藝術中心國家館。

《格爾尼加》的象徵寓意

　　畢卡索曾解說此畫圖像的象徵寓意，公牛象徵強暴，受傷的馬象徵受難的西班牙，士兵和人民是戰爭的犧牲者，中上處則代表真理的燈光象徵光明和希望。

註　瓦斯可政府宣布的死亡數從當時直到1970年代，都被媒體、出版業採信。歷史學家則對瓦斯可政府宣稱的數字存疑，直到1980年代軍事武器研究專家依照第二次世界大戰中各次空襲造成的死亡率統計數據，做詳細交叉比對的分析結果發表：「每噸炸彈的死亡數為7至12人」，而對格爾尼加的投彈數量為40噸，所以死亡數約在300多人，保守估計約250人。

各國發行的《格爾尼加》專題郵票

捷克斯拉夫

◆捷克斯拉夫在1966年7月5日為紀念國際旅團（International Brigade，亦稱為國際縱隊，由55個以上國籍的32,000多名志願人員組成，支援共和政府軍）參加西班牙內戰三十周年而發行，面值60h，圖案採用畢卡索的名作《格爾尼加》。

喀麥隆聯合共和國

◆位於西非的喀麥隆聯合共和國（法文國名REPUBLIQUE UNIE DU CAMEROUN印在上緣、英文國名UNITED REPUBLIC OF CAMEROON印在下緣）在1981年11月10日發行一款紀念畢卡索誕生百周年郵票，面值500 F法郎，圖案主題採用畢卡索名作《格爾尼加》的中間細部。

西班牙

◆西班牙在1981年10月25日發行一款小全張，紀念畢卡索誕生百周年，內含一枚郵票面值200比塞塔（peseta，簡寫PTA），圖案主題是畢卡索的名作《格爾尼加》，小全張襯底圖案則是《格爾尼加》的中間及右側部分。

◆捷克斯拉夫在1981年7月2日發行一款小全張,紀念畢卡索(1881年～1973年)誕生百周年以及國際旅團參加西班牙內戰四十五周年(以紅色字體的捷克文印在小全張的下方),內含一枚郵票面值10kcs,圖案主題是畢卡索的名作《格爾尼加》,小全張的下方印三張畢卡索為了畫《格爾尼加》之前所準備的局部素描圖。

幾內亞共和國

◆位於西非的幾內亞共和國在2007年發行世界名畫系列小全張,其中一款主題是畢卡索的名作,內含一枚郵票面值25000FG幾內亞法郎,圖案右下是畢卡索的肖像、主題是1921年繪作的「三位音樂家」。小全張左下是1901年繪作的「抽菸的婦女」,小全張中上是1937年繪作的《格爾尼加》。

1939
紐約世界博覽會

英文：New York World's Fair
主題：明日世界的建設
地點：美國紐約市
展期：第一期自1939年4月30日至10月31日，
第二期自1940年5月11日至10月27日。
參觀人次：共計44,932,978人

　　1929年美國發生經濟恐慌，接著進入大蕭條時期，在1935年最嚴重時，紐約市幾位退休警官決定發起舉辦國際性博覽會來振興經濟，使得紐約和全美國脫離蕭條困境。不久之後，他們就籌組了紐約世界博覽會公司（New York World's Fair Corporation），辦事處設在當時紐約最高的建築物—帝國大廈（Empire State Building），前警長華連（Grover Whalen）被推選為委員會主席，委員們包括當時的紐約市長「拉瓜地亞」（Fiorello Enrico La Guardia，任期1934年～1945年，因成功領導紐約市從大蕭條中復甦而聞名全國，紐約都會區三大機場之一的拉瓜地亞機場以他的名字命名）和許多商業界領袖。為了振興經濟和提升民眾的生活品質，華連主張博覽會是一個展現新消費產品的大好機會，而不是展出當時科學家如愛因斯坦所期盼的科技產品、科學思考方法等。當然華連和商業界領袖認為的一次大型的商品展覽會，

就是要將新的消費產品推銷到全美國以及全世界，這個觀念就是把握促銷的時機和場所。紐約世界博覽會的主要目的是要振奮人心鼓舞士氣以及為紐約市帶來更多的商機，因此以紀念美國第一任總統華盛頓在紐約市就任一百五十周年為主辦名義，主題是「明日世界的建設」（Building The World of Tomorrow）。1939年的紐約世界博覽會不僅對美國而言是一個具有歷史性的重大慶祝活動，也是人類在科技成就的展示會。共有64個國家參展，其規模和成就，可以說是達到世界博覽會史上的新里程碑和另一個高峰。

博覽會在1939年4月30日隆重開幕，是個天氣稍熱的星期日，當天吸引206,000人入場參觀，當時的美國總統羅斯福（Franklin D. Roosevelt）的開幕致詞演講不僅透過無線電廣播網播音傳到全美各地，還透過當時最新的電視現場傳播到紐約地區。

在本次世界博覽會，展出各式各樣的最新發明和技術，例如磁帶錄音機、電視機、電視攝影機、尼龍、塑膠製品等，後來都成為現代日常生活中非常普遍的用品。紐約世界博覽會昭告參觀者及世人的是：這些就是人類所依靠的材料、思想理念和力量，也是當今最先進的技術，就是人類創造未來的世界所需要的器具。

會場用地

1939年紐約世界博覽會的地點位於約約市皇后區的「法拉盛草原可樂娜公園」（Flushing Meadows-Corona Park）或是稱為「法拉盛草原公園」（Flushing Meadow Park or Flushing Meadows Park），面積5平

方公里。主辦單位級規劃紐約世界博覽會的會場用地時，發現紐約市區中已經無法找到一大片交通方便且能滿足世界博覽會需要的空地。於是將舉辦世界博覽會視為一個進行長期都市發展計劃的機會，對會場做長期性規劃超越了短暫的兩年展覽期間。博覽會的原址在上個世紀（20世紀）初還是一片沼澤地和垃圾場，紐約世界博覽會對這一大片場地的重新改造被認為美國東部有史以來最浩大的一項工程。施工當局用大量的鹼灰（學名碳酸鈉又稱為蘇打灰可吸收水分）填滿了沼澤，再將大量的泥土傾倒在上面並予以整平，終於變成為空曠平坦的世界博覽會場地。紐約世界博覽會之後，經過多年的建設和發展，展覽場地成為紐約市的第二大公園。

而整個博覽會是許多人的夢想、經驗和勇氣的結晶。設計師、建築師和工程師，將靈感和巧思轉變成了真實的建築，在博覽會中投入最多人力和財力的建築之一，就是紐約世界博覽會的地標建築物——「三角錐尖塔」（Trylon）和「正圓球體」（Perisphere），兩個建築物的組合成為全世界最大的日晷。這一組造型頗具現代前衛感的建築物成了紐約世界博覽會的象徵標誌，出現於博覽會的徽章和各種宣傳品。

看郵票遊世博

美國

美國在1939年4月1日發行一款紀念郵票，面值3 CENTS分，圖案下緣印「NEW YORK WORLD'S FAIR」即「紐約世界博覽會」之意，主題是紐約世界博覽會的象徵地標—全白色的「三角錐尖塔」和「正圓球體」。「三角錐尖塔」高700英尺（約213.36公尺），「正圓球體」直徑180英尺（約54.86公尺），從地面繞著「正圓球體」盤旋進入「三角錐尖塔」的螺旋狀斜坡道長950英尺（約289.56公尺）。

發行數量11,699,550枚。

法國

法國在1939年發行一款紐約國
際博覽會紀念郵票，面值2.25
法郎，1940年再發行一款紐
約國際博覽會紀念郵票，面
值2.50法郎，兩款圖案相同，
上方印法文「EXPOSITION

INTERNATIONALE NEW YORK 1939」即「1939紐約國際博覽會」之意，主題是法國展示館（LE
PAVILLON DE LA FRANCE印在中下處的邊框外），左下是紐約最著名的地標之一「自由女神
像」，右後是紐約世界博覽會的象徵地標——「三角錐尖塔」和「正圓球體」。

多明尼加共和國

多明尼加共和國（Republica Dominicana）在1939年4
月30日發行一款航空紀念郵票，面值10分，圖案左
方是1939年紐約世界博覽會的地標建築「三角錐尖
塔」和「正圓球體」，圖案右方是紀念哥倫布的
燈塔。

1939年巴西發行的世博紀念郵票

巴西（Brasil）在1939年發行一款紀念郵票，共四款，
圖案下方印葡萄牙文「FEIRA MUNDIAL DE NOVA YORK
1939」即「1939年紐約世界博覽會」之意，共四款：

◆上圖：面值400Reis圖案主題是美國第一任總統華盛
頓肖像，肖像下印「FEDERALISMO」即「聯邦主義」之
意，左下印1787即美國國會通過制定聯邦憲法的年份，
右下印1889即巴西正式成立為聯邦（之前是帝國）的年
份。

◆下圖：面值1200Reis圖案主題是第22任（1885年～
1889年）和24任（1893年～1897年）美國總統克里夫蘭
（Stephen Grover Cleveland，1837年3月18日～1908年6月24
日）肖像，是唯一分開擔任兩屆的總統，也是南北戰爭
之後第一個當選總統的民主黨人。

◆左圖：面值800Reis圖案主題是巴西第二任皇帝佩德魯二世（Pedro II，1825年12月2日～1891年12月5日），在位期間1831年4月7日至1889年11月15日。

◆右圖：面值1600Reis圖案主題是美國贈送巴西的友誼雕像。

特殊展示品

時間封罐

　　由西屋電力和製造公司提供的時間封罐（Westinghouse Time Capsules）在1938年9月23日埋入50英尺深的地下，設定5000年後的6939年開封，目的在讓後世人類知道20世紀美國人的生活情況和所用物品。封罐外形像子彈，長2.29公尺、直徑21.1公分、重363公斤，用合金製成，包括99.4%的銅、0.5%的鉻、0.1%的銀。封罐內的物品分為五大類：

1. 小的日常用品有35項包括鋼筆等。

2. 原物料包括紡織品的纖維、金屬、塑膠品和種子共75項。

（有麥、稻、玉米、大豆、燕麥、大麥、苜蓿、甜菜、紅蘿蔔、菸葉、亞麻、和棉花的種子等封在玻璃管內）。

3．將20世紀的當代文學、藝術作品和新聞記事紀錄於微縮膠片（microfilm）包含一千多萬字和一千多張圖片。

4. 15分鐘的新聞紀錄片（newsreel）。

5．雜物：生活雜誌、一個邱比娃娃玩偶、一包駱駝牌香菸、一塊零錢等，以及愛因斯坦、米利甘（美國物理學家）、托馬斯·曼（德國文學家）等三位當代諾貝爾得獎人的簽名留言字條。

愛因斯坦

愛因斯坦在1879年3月14日生於德國的烏爾姆（Ulm），1955年4月18日於美國新澤西州普林斯頓（Princeton, New Jersey）去世。廣義相對論是愛因斯坦在1916年發表的引力理論，它代表了現代物理學中引力理論研究領域的最高層面。1921年因為在光電效應方面的研究，得到諾貝爾物理學獎（Nobel Prize in Physics）。

◆美國在1966年3月14日發行一款屬於傑出美國人（Prominent American）系列郵票，面值8 CENTS分，圖案主題是愛因斯坦晚年正面肖像。

◆美國在1974年3月4日發行一款愛因斯坦誕生百周年郵票，面值15 C分，圖案主題是愛因斯坦晚年側面肖像。

展館

博覽會分成幾個主題區，交通運輸區（Transportation Zone）、通訊和商業系統區（Communications and Business Systems Zone）、食物區（Food Zone）、政府區（Government Zone）等。

❗ 原先保存於英國林肯天主堂（Lincoln Cathedral）的英國大憲章（The Great Charter，在1215年簽訂的最重要文獻）抄本首次離開英國送到紐約世界博覽會的英國展示館展出，1940年夏天英國本土受到德國空軍大轟炸，於是在博覽會結束後被送到諾克斯堡（Fort Knox，美國財政部保存金條的處所）保存，直到1947年才送回英國。

馬亞科夫斯基車站內部

蘇聯展示館包含一個實體大的莫斯科地下鐵（Moscow Metro）的馬亞科夫斯基車站（Mayakovskaya紀念俄國文學家Vladimir Mayakovsky）內部，由於車站內部造型優美的圓弧形拱柱採用不銹鋼和粉紅色玫瑰輝石、地板採用白色和粉紅色大理石，展現亮麗色澤和柔和氣氛，設計師杜許金（Alexey Dushkin）因而獲得本次世界博覽會的大獎。

蘇聯在1947年9月7日發行一套莫斯科地下鐵車站內部專題郵票，其中一款面值60K的圖案主題是馬亞科夫斯基車站。

交通運輸區包括通用汽車和福特、克萊斯勒汽車展示館等。

鐵路是1930年代最主要的客貨運輸方式，大多數的參觀者乘鐵路列車來到世界博覽會場，所以鐵路展示區能吸引相當數量的參觀者。

鐵路公司展出一些有歷史性的機關車，例如第一輛在美國製造的蒸汽機關車——「湯姆‧拇指」（Tom Thumb）號複製品。

位於蘇格蘭西北方的伯內拉群島（Bernera Islands）發行一套世界著名機關車專題郵票，其中面值35p辨士的圖案主題是「湯姆‧拇指」號蒸汽機關車，由彼得‧庫波（Peter Cooper）設計、指導製造，總重量4.9噸、車身長4.013公尺、動輪直徑0.762公尺，車軸配置採0- 2- 2方式（即無導輪、2個動輪、2個從輪），分成上下各一枚相連，上一枚是「湯姆‧拇指」號的側面及正面圖，下一枚是1830年8月25日「湯姆‧拇指」號牽引一節載著鐵路公司董事的客車和馬車競賽的情形，在去程時「湯姆‧拇指」號遙遙領先馬車，但在回程時因帶動鍋爐送風機的風扇皮帶斷裂而失去蒸汽，結果馬車卻先跑回終點，雖然如此鐵路公司的決策者（即執行董事）認為蒸汽機關車能比馬匹跑得更快更遠，從此以後巴爾第摩與俄亥俄鐵路公司（Baltimore and Ohio Railroad）決定改用蒸汽機關車牽引客車。

　　英國的「中央地和蘇格蘭鐵路」將「加冕蘇格蘭人」快速列車和牽引的機關車「太子妃加冕級的6229號哈密屯女公爵」（被改為6220加冕號）運到展覽場供大眾參觀。

「加冕蘇格蘭人」快速列車在1937年5月12日為慶祝英國國王喬治六世（King George VI現今伊莉莎白二世女王的父王）加冕而開始營運，直到1939年9月第二次世界大戰爆發（德軍入侵波蘭）為止，在倫敦的尤斯屯車站（Euston station）和格拉斯哥（Glasgow）的中央車站間478公里行程做中途不停的快速運轉。列車由機關車牽引九節車廂，依序為：

1.附煞車控制的一等通道客車　　　2.一等通道客車

3.一等開放式餐車　　　　　　　　4.附調理室餐車

5.三等開放式客車　　　　　　　　6.三等開放式客車

7.附調理室餐車　　　　　　　　　8.三等開放式客車

9.附煞車控制的三等通道客車

◆位於加勒比海的聖文森附屬島（GRENADINES OF ST.VINCENT）在1985年9月16日發行一套機關車專題郵票，其中面值35分的圖案主題是英國在1937年製造的「加冕號」蒸汽機關車，分成上下各一枚相連，上一枚是「加冕號」的左側及正面圖，下一枚是「加冕號」在站場內牽引快速列車。

「太子妃加冕級的6229哈密屯女公爵號」蒸汽機關車屬於「太子妃加冕級」第二批製造5輛的最後一輛。第一批製造5輛（編號6220至6224）漆藍色，第二批製造5輛（編號6225至6229）漆深紅色，前兩批10輛的車身套上流線型外殼，並且在外殼塗上表示牽引快車的銀白色橫條，以後生產的則未加以流線型化，總共生產了38輛。車身長22.5公尺，車身重167.09噸，車軸採4-6-2（4個前導輪、6個驅動輪、6個從輪）配置方式，前導輪直徑0.914公尺、輪直徑2.057公尺、從輪動直徑1.143公尺。「太子妃加冕級的6220加冕號」曾在1937年6月29日創下時速114英里（約183.46公里）紀錄，1939年「6229哈密屯女公爵號」暫時代替「6220加冕號」（兩者互換身分）運到美國在紐約世界博覽會展出。結果變成漆藍色的「6229哈密屯女公爵號」在英國運轉，而深紅色的「6220加冕號」在美國展覽。參展的機關車在1942年被運回英國，1943年恢復原來身分。正牌的「6229哈密屯女公爵號」現今以英國鐵路編號46229被國家鐵路博物館做為歷史性機關車保存。

至於通用汽車的電動部則展出最新款的柴油發電機關車做為牽引旅客列車之用。

至於通用汽車公司展示的未來景觀，由著名工業設計師「諾曼·貝爾·給德茲」設計，展出美國未來自動化高速公路系統模型，目的在介紹新的超級公路網觀念，他所呈現的是給觀眾看了目瞪口呆的超大圓形場景，觀眾可以坐在周圍的移動椅從上俯覽，就好像坐在飛機上看到地面的景觀，由許多超高層大樓組成的都市中心和分散在郊區的住宅之間以高速公路網來連結，據統計共擺設了50萬個模型建築物、5萬輛迷你模型車和將近100萬株各種模型樹。

註 當時自動化高速公路系統的構想是以電波遙控引導車輛高速行進、保持前後的安全距離、並且以電波引導快速前往目的地，此款電波遙控引導到目的地的觀念就是現代車輛所使用的衛引導系統，而電波遙控引導車輛高速行進就是現代的捷運系統由遠端的操控室遙控車輛。

30年後美國除了發展高速公路網，也注重美化環境，美國在1969年1月16日發行一款「美國的美化」（Beautification of America）郵票，由四枚郵票組成四方連，面值都是6 C分，以美國首都華盛頓的美麗景點為圖案主題。

1 左上圖案下緣印「PLANT for more BEAUTIFUL CITIES」即「為更多美麗的都市而種植」之意，圖案遠方是美國國會大廈（Capitol），近前方是粉紅色的杜鵑花和白色的鬱金香。

> **註** 杜鵑花生命力超強，既能耐乾旱又能抗潮溼，無論是烈日或樹蔭下它都能適應。最厲害的特性是它不怕都市污濁的空氣，因為它長滿了絨毛的葉片，既能調節水分，又能吸住灰塵，最適合種在人多車多空氣污濁的大都市，可以發揮清靜空氣的功能。

2 右上圖案下緣印「PLANT for more BEAUTIFUL PARKS」即「為更多美麗的公園而種植」之意，圖案遠方是華盛頓紀念碑（Washington Monument）、波托馬克河（Potomac River），近前方是黃色的水仙花。

3 左下圖案下緣印「PLANT for more BEAUTIFUL HIGHWAYS」即「為更多美麗的公路而種植」之意，圖案中間是高速公路，近前方是黃色的罌粟花和藍色的魯冰花。

4 右下圖案下緣印「PLANT for more BEAUTIFUL STREETS」即「為更多美麗的街道而種植」之意，圖案中下是林蔭大道，兩旁是盛開的酸蘋果樹。

托馬斯・曼

托馬斯・曼在1875年6月6日生於德國的呂貝克（Lübeck），1955年8月12日於瑞士的蘇黎世醫院去世。1929年因《魔山》（原名：Der Zauberberg，1924年發表的小說），得到諾貝爾文學獎。因為反對德國的國家社會主義當權者，1933年離開德國流亡到法國、瑞士等國，1938年到達紐約後，之後在美國定居，直到1952年回到瑞士。

◆左圖：德意志聯邦郵政在1956年8月11日發行托馬斯・曼去世一周年紀念郵票，面值20分尼，圖案主題是托馬斯・曼晚年正面肖像。

◆右圖：德意志民主共和國（DDR，即以前的東德）在1975年3月18日發行托馬斯・曼誕生一百周年紀念郵票，面值10分尼，圖案主題是托馬斯・曼晚年正面肖像。

通訊和商業系統區

美國電話電報公司（AT&T）展出最新發明的聲音加碼機，就是將聲音改變的處理機，一年多後第二次世界大戰爆發，成為華盛頓和倫敦間最機密聲音通訊系統中的一部分。

國際事務機器公司（IBM）展出最新發明的電動打字機、打卡式電動計算機（electric calculator，亦即現代電腦的前身）。

藝術傑作展覽館

從文藝復興時期的達文西到18世紀的著名畫家，共300件大師的傑作，這些藝術珍品能在紐約世界博覽會平安的展出，都是華連主席和他的團隊從歐洲各藝術收藏館借來的無價珍寶，的確是一件大功勞也是引以為傲的事。

1939
金門國際博覽會

英文：Golden Gate International Exposition
主題：慶祝舊金山灣的兩座著名大橋完工
地點：美國舊金山
展期：第一期自1939年2月18日至10月29日，
第二期自1940年5月25日至9月29日。

　　1939年世界博覽會（1939 World's Fair）除了在紐約舉辦，同時也在加州的舊金山和奧克蘭（Oakland，位於舊金山對岸，當地廣東裔僑民稱為「屋崙」，其意為「橡樹之地」）之間舊金山灣內的寶藏島（Treasure Island）舉辦「Golden Gate International Exposition」即「金門國際博覽會」，位於跨越舊金山灣的海灣橋段中間的下方。

　　舉辦金門國際博覽會的主要意義是慶祝舊金山灣的兩座著名大橋完工，使得舊金山市區和東部對岸的奧克蘭、以及和北部的對岸地區，連結成一個大都會區。

　　展覽期間分為兩期，原先從1939年2月18日到10月29日，後來在隔年的1940年又重新舉辦，由5月25日到9月29日。

海灣橋

　　跨越舊金山灣的海灣橋（San Francisco – Oakland Bay Bridge）在1933年7月9日動工、1936年11月12日完工，分成西段2820公尺和東段3102公尺，全長5922公尺，分成兩層，西向五個車道在上層，東向五個車道在下層。

金門橋

　　跨越金門海灣口的金門橋（Golden Gate Bridge）在1933年1月5日動工、1937年5月27日完工，全長2737公尺，兩個主橋墩之間的跨幅1280公尺。

跨越舊金山灣的舊金山～奧克蘭海灣橋

美國在1947年7月30日發行一款航空郵資郵票，面值25 CENTS分，圖案上方印「AIR MAIL」即「航空郵寄」之意，下緣印「UNITED STAES POSTAGE」即「合眾國郵資」之意，主題是跨越舊金山灣的舊金山～奧克蘭海灣橋，橋上空是波音377型同溫層巡航者式客機（Boeing Stratocruiser，當時是世界上最大的民航機，最快時速547公里，最大載客數114名），背景是舊金山市區。

發行數量132,956,100枚。

寶藏島

　　Treasure Island係取名源自英國作家「羅伯特‧路易‧史提文生」（Robert Louis Stevenson）的著名冒險小說《Treasure Island》（中文譯名《金銀島》，史提文生曾於1879～1880年住在舊金山，寶藏島是一座由美國聯邦政府出資建造的人工島，原本是要計劃做為泛美航空公司（Pan American World Airways，簡稱Pan Am）飛越太平洋水上飛機「飛翦號」（Clipper）的基地和水上機場，後來為了在島上舉辦「金門國際博覽會」，水上機場就換到舊金山半島的「米爾斯場地」（Mills Field，也就是現今舊金山國際機場的所在）。1941年12月8日，日本海軍偷襲珍珠港後爆發太平洋戰爭，寶藏島被美國海軍徵用為基地，直到1997年。

❗ 「飛翦號」：美國的馬丁M-130型飛行艇

馬丁公司得到泛美航空公司的三架越洋飛行艇訂單，所以將M-130型內艙分成兩層，上層供飛行組員使用，下層改成臥鋪僅可載12名乘客。三架飛行艇分別取名為中國、菲律賓、夏威夷飛翦號，巡航時速252.7公里，可持續飛行5150公里。中國飛翦號在1935年11月22日從舊金山出發，經夏威夷、中途島、關島，在11月29日飛抵馬尼拉，完成橫越太平洋定期航線的首次飛行。

看郵票遊世博

開幕紀念郵票

美國在1939年2月18日（即開幕當天）發行一款紀念郵票，面值3 CENTS分，圖案上緣及右測印「GOLDEN GATE INTERNATIONAL EXPOSITION」即「金門國際博覽會」之意，左側印「UNITED STAES POSTAGE」即「合眾國郵資」之意，主題是金門國際博覽會的象徵地標──「太陽塔」，高400英尺（約120多公尺）。

發行數量114,439,600枚。

紀念「金門國際博覽會」航空郵資郵票

位於中美洲的薩爾瓦多在1939年4月14日發行一套紀念「金門國際博覽會」（GOLDEN GATE INTERNATIONAL EXPOSITION印在圖案下緣）的航空郵資郵票，面值分別是15、30、40分（CENTAVOS），圖案相同，主題是跨越金門海灣口的金門橋，橋的左上印一架道格拉斯DC-2型客機，圖案左上圓圈是薩爾瓦多的國徽、右上圓圈是加州的州徽、右側印「AEREO」即「航空」之意、左側印「CORREO」即「通信、郵政」之意、最上方印「CORREOS DE EL SALVADOR C.A.」即「中美洲的薩爾瓦多郵政」之意、橋的上面印「EXPOSICIÓN INTERNACIONAL DE EL PUERTA DE ORO 1939」即「1939年金門國際博覽會」之意。

註「EUREKA」在希臘原文是我已發現它「I have found it」之意，因1849年設計州徽的前一年1848年，加州發現黃金引起淘金熱潮，所以採用「EUREKA」，州徽內持長矛的是羅馬的智慧和戰爭女神（Minerva），下面是頭加州熊，背景是舊金山灣內的帆船象徵蓬勃發展的經濟實力。

紀念「羅伯特・路易・史提文生」的名作《金銀島》

位於加勒比海的英國所屬的處女群島（俗稱英屬維京群島）在1969年3月18日為紀念「羅伯特・路易・史提文生」去世七十五周年（75 th Anniversary of the Death of Robert Louis Stevenson，1850年11月13日〜1894年12月3日）發行一套郵票，共四款，圖案選用《金銀島》故事的情節。該群島雖然屬於英國管轄、但是西鄰美國所屬的處女群島，島上的觀光客都來自美國，所以因地制宜使用美國貨幣，郵票上的面值旁加印「US CY」也就是美國貨幣「UNITED STATES CURRENCY」的簡寫。

◆左圖：面值4c分：主題是獨腳海盜頭子西爾佛（Long John Silver，假扮成船上的廚師，肩膀上歇著一隻鸚鵡成為他的特徵）和冒險的少年吉姆（Jim Hawkins），右邊前往金銀島的「希斯巴尼奧拉」（Hispaniola）號帆船。

◆右圖：面值40c分：吉姆爬到船桅的瞭望架上和海盜（舵手）以斯雷爾・漢茲（Israel Hands）拼鬥。

◆上圖：面值10c分：吉姆脫逃，海盜在後面追趕，右上是「希斯巴尼奧拉」號帆船。

◆下圖： 面值＄1圓：吉姆和西爾佛來到藏著寶藏的洞穴。

南斯拉夫

南斯拉夫在1995年10月24日為紀念聯合國成立五十周年發行一款郵票，面值1.10 Dinar第那，圖案主題是向北鳥瞰的金門橋，右邊的水域就是舊金山灣。

註：1945年6月26日50個國家代表在舊金山的戰爭紀念和演藝中心（War Memorial and Performing Arts Center）的退伍軍人演講廳簽訂聯合國憲章，1945年10月24日生效，聯合國正式成立。

紀念飛越太平洋空運郵件五十周年

美國在1985年2月15日發行,紀念飛越太平洋空運郵件五十周年,圖案是1935年首次飛行出發前飛行員及工作組員正要登上飛行艇的情景。附圖是蓋舊金山郵局首日郵戳的原圖卡,卡片圖案是中國飛翦號在1935年11月22日從舊金山出發時飛越舊金山著名的金門大橋。(註:原圖卡在英文稱為MAXIMUM CARD,郵票貼在和郵票圖案相關的卡片上,再蓋發行首日郵戳或特別紀念郵戳)。

紀念太平洋郵展

越南在1997年發行一套郵票紀念當年在舊金山舉辦的太平洋郵展,其中面值400d銅的圖案主題是舊金山的金門大橋,左上是郵展標誌內含:

PACIFIC 97　　　　　　　World Philatelic Exhibition

San Francisco, California　　May 29-June 8, 1997

即「太平洋97 世界郵展 聖弗蘭西斯可・加里佛尼亞　5月29至6月6日」。

1958
布魯塞爾世界博覽會

英文：Brussels Universal and International Exhibition
主題：科學導向的文明和人道主義
地點：比利時布魯塞爾
展期： 1958年4月17日～10月19日
參加國：42個
參觀人數：4145萬人

　　1958年布魯塞爾世界博覽會是第二次世界大戰結束後第一次舉辦的世界博覽會，布魯塞爾在1897年首次舉辦世界博覽會、1910年舉辦第2次、1935年舉辦第3次、1958年舉辦第4次，本次世界博覽會沿用1935年的建築物以節省成本。

　　展覽期間為1958年4月17日至10月19日，比利時國王將主題命名為科學導向的文明和人道主義，42個國家參展，參觀人數4145萬人次。

　　地點位於比利時首都布魯塞爾市中心西北方7公里的黑澤爾公園，佔地兩平方公里，經過3年、動用15,000多位勞工才完成。展覽區劃分為4個部分：比利時主辦國部分、比利時所屬剛果部分、外國參展國部分和國際組織部分。聯合國為了本屆世界博覽會發行一套最特殊的委託發行郵票、限時限地使看郵票，它是由聯合國委託比利時在1958年4月17日開募當天發行一套特殊使看郵票共16款，只能貼用於在聯合國

展示館內郵局投寄的郵件，使用期間只限於世界博覽會展覽期間，而出售郵票所得的款項則做為資助聯合國展示館之用。

展覽會場門口的大地標，就是座原子模型塔。這座象徵地標物在世界博覽會結束後被保留了下來，做為曾經風光的6個月的唯一見證，世界博覽會之後成為布魯塞爾十大名勝之一，每年吸引遊客達45萬人次，有比利時的埃菲爾鐵塔之美稱。

美國在第二次世界大戰末期對日本投下兩顆原子彈，造成極大的破壞和人員嚴重的傷亡，主辦當局希望藉著原子模型塔，讓世人了解原子的結構以及原子能轉為和平用途的展望，並掃除世人對原子能帶來軍事威脅的恐懼，以宣揚人道主義的展覽主題。本屆世界博覽會結束後，布魯塞爾市政府買下整個展覽場地，大部分建築被拆除，場地也進行重整，成為地標建築物的原子模型塔被完整地保留，如今也成為代表比利時的國家標誌。

布魯塞爾辦過本屆世界博覽會之後，大幅提升了國家和都市的地位，加上位於西歐的中心處，因此後來國際上的重要組織如：北大西洋公約組織在1967年將總部從巴黎移到布魯塞爾、1973年成立的環球銀行金融電信協會（相當於世界金融業的聯合國）將總部設在布魯塞爾。歐洲聯盟三個主要的機構，其中歐洲聯盟的委員會和歐洲聯盟的部長理事會位於布魯塞爾，另一個重要機構——歐洲議會在布魯塞爾也有分處（總部設在法國的斯特拉斯堡），所以布魯塞爾成為名符其實的歐洲首都。

看郵票遊世博

比利時發行原子模型塔郵票

比利時在1957年4月17日發行一套共兩款，面值分別是2F法郎、4F法郎，圖案相同，主題是原子模型塔，背景是博覽會標誌的五角星、地球、布魯塞爾市政廳（右上）。

象徵原子模型的高大巨塔是1958年世界博覽會的地標。塔高約102公尺，由9個鋁製的大圓球（象徵9粒鐵原子，直徑18公尺）和鐵架（鐵原子的連結鍵）所構成，也就是將鐵分子模型放大1650億倍後所呈現的建築物。中央鋁製圓球是瞭望台，同時也是餐廳，其他8個分子大圓球內都有一個科技知識展覽室，分別陳列太陽能、和平利用原子能、航空太空技術、天文、地理和科學知識等方面的展示品，以及有關比利時氣象事業的發展史、氣象衛星、氣象雷達、氣象通訊方面的圖表。分子圓球間的連結鍵則成為相互間的通道，內有自動梯相連接，圓球四周鑲著巨大明亮的玻璃，並裝有數架

望遠鏡,可同時供250位遊客眺望。世界博覽會之後成為布魯塞爾十大名勝之一,有比利時的埃菲爾鐵塔之美稱。因球體表面的鋁片朽化,2004年3月起進行換裝成不銹鋼片和整修工事,直到2006年2月18日重新開始營業。

聯合國委託比利時現時現地使用

　　聯合國委託比利時在1958年4月17日開募當天發行一套特殊使看郵票共十六款,該等郵票只能貼用於在聯合國展示館內郵局投寄的郵件,使用期間只限於世界博覽會展覽期間,出售郵票所得的款項則做為資助聯合國展示館之用。由於本套郵票限時又限地使用,所以目前在世界郵票市場流通的大都是未銷戳的郵票,實際貼用、銷蓋郵戳的郵票留存不多,而完整全套貼在郵件上的則更稀少。

　　郵票主題採用屬於聯合國的各國際性組織象徵圖案,每款郵票上除了印比利時的法文和低地文國名,還印聯合國的英文國名「UNITED NATIONS」、法文國名「NATIONS UNIES」、低地文國名「VERENIGDE NATIES」,另外印聯合國和布魯塞爾世界博覽會的標誌。本套郵票又分成普通郵資和航空郵資兩類。

◆普通郵資有十款:

1 面值3F法郎:聯合國展示館。

2 面值8F法郎:國際貨幣基金會(簡稱IMF),總部設於美國的華盛頓。

3 面值50C分：國際勞工組織（簡稱ILO），總部設於瑞士的日內瓦。

4 面值1F法郎：糧食和農業組織（簡稱FAO），總部設於義大利的羅馬。

5 面值2.50F法郎：聯合國教育科學文化組織，總部設於法國的巴黎。

6 面值1.50F法郎：聯合國的標誌。

7 面值2F法郎：世界銀行，總部設於美國的華盛頓。

8 面值5F法郎：國際電信聯盟（簡稱UIT），總部設於瑞士的日內瓦。

9 面值11F法郎：世界衛生組織（簡稱WHO），總部設於瑞士的日內瓦。

10 面值20F法郎：萬國郵政聯盟，總部設於瑞士的伯恩。圖案的中央是地球和象徵郵政的郵差吹號，背面有象徵四種載運郵件的工具，由上而下是象徵空運的尖角形、象徵水運的船舶、象徵鐵路運輸的郵務車廂、象徵公路運輸的郵務車。

◆首日封：

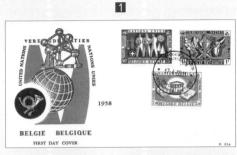

 50 C分、1F法郎、2.50F法郎。

 3F法郎、8F法郎、11F法郎。

 5F法郎、20F法郎。

◆航空郵資有六款：

1 面值5F法郎：國際民航組織（簡稱ICAO），總部設於加拿大的蒙特利爾。圖案的上中處印國際民航組織的標誌、中央是一位機場的引導員及象徵飛行的尖角形，令人不解的是在右下卻出現一艘海運船舶，似乎是在象徵國際海事組織（簡稱IMO），所以在首日發行出售時立即被眼尖的郵迷批評為「設計有瑕疵的郵票」，也有集郵家謔稱：「大概是引導飛機不要撞上船隻」。

2 面值7.50F法郎：難民保護表示聯合國難民事務長官辦事處（簡稱UNHCR），成立於1950年12月14日，前身是國際難民組織，總部設於瑞士的日內瓦。

3 面值9F法郎：聯合國兒童基金會，總部設於紐約市。

4 面值6F法郎：世界氣象組織（簡稱WMO），總部設於瑞士的日內瓦。

5 面值8F法郎：關稅暨貿易總協定（簡稱GATT，1995年1月1日改為世界貿易組織——World Trade Organization，簡稱WTO），總部設於瑞士的日內瓦。圖案左邊的柵欄象徵關稅的障礙，中右處的帽子上附翅膀象徵貿易。

6 面值10F法郎：原子能總署（亦即國際原子能署，簡稱IAEA），總部設於奧地利的維也納。

◆首日封：

1 6F法郎、8F法郎、10F法郎。   2 5F法郎、7.5F法郎、9F法郎。

聖瑪利諾共和國

聖瑪利諾共和國在1958年4月12日發行一套共兩款，面值分別是40里拉、60里拉，圖案相同，左上是鐵原子結構模型（布魯塞爾世界博覽會的地標建築造型）、左下是布魯塞爾世界博覽會的標誌，右下是象徵聖瑪利諾的山峰。聖瑪利諾是世界上現存的最古老的共和國，位於義大利中部，面積61平方公里、人口3萬多人。

匈牙利郵政在1958年4月17日發行一套航空郵票共八款，每款郵票印1958年布魯塞爾世界博覽會的五角星及地球標誌，印一架飛機表示航空郵票、匈牙利文「LÉGIPOSTA」即「航空郵政」之意。

◆ 左圖：面值1.40Ft圖案主題是匈牙利（左）、比利時（右）的國徽和世界博覽會的徽章。

◆ 右圖：面值5Ft圖案主題是布魯塞爾世界博覽會的徽章。

◆ 左圖：面值60 f圖案主題是位於布達佩斯的匈牙利國會議事堂。

◆ 右圖：面值1Ft圖案主題是布達佩斯的著名地標——鏈橋。

◆ 左圖：面值20 f圖案主題是匈牙利展示館。

◆ 右圖：面值40 f圖案主題是匈牙利地圖、巴拉頓湖，圖案中右：在湖畔休憩穿泳裝的女郎，圖案中央：湖面上的揚帆遊艇，圖案中下：巴拉頓湖出產的魚和附近產的葡萄酒。

註 巴拉頓湖（Balaton）位於匈牙利的中西部，在布達佩斯的西南方約120公里處，呈東北至西南走向，湖形如一條細長的茄子，長78公里、寬4至14公里，面積592平方公里，為中歐最大的湖泊。由於中歐內陸過國離海較遠，大部分中歐的人民將巴拉頓湖視為內陸海，成為中歐地區最著名的休閒度假、觀光旅遊好去處，在夏季成為避暑勝地。

◆ 左圖：面值2Ft圖案主題是布魯塞爾的著名地標和最吸引觀光客的景點——小男孩小便（尿尿小男童）噴泉銅像，當地使用的低地語（屬於荷蘭語系）稱為Manneken Pis（英語即「little man piss」之意）、法語稱為Petit Julien（小就連），位於布魯塞爾市中心的大廣場附近，立在約兩公尺高的大理石台座上，銅像不大，身高約53公分，小男孩銅像呈現微卷的頭髮，面帶微笑，顯得十分天真、活潑。目前這尊小男孩銅像建於1619年，由比利時雕刻家杜奎斯諾伊打造而成，已有將近400年的歷史。

◆ 右圖：面值3Ft圖案主題是布魯塞爾的著名地標——市政廳，位於布魯塞爾的大廣場旁邊的哥德式建築，在1402年動工興建、1420年完工，中央的尖塔高97公尺，尖塔頂端立了一尊5公尺高的金箔雕像——「天使長·米迦勒」，被尊稱為布魯塞爾的守護者。

註 1.世界上最壯觀秀麗的國會建築，布達佩斯最著名的旅遊觀光景點，位於多瑙河的東岸，為紀念匈牙利建國一千年，在1896年動工興建，至1904年全部完工，屬於歌德復興式建築，內部有691個房間，正面幅度268公尺、深度123公尺，最高處高96公尺（表示1896年即建國一千年紀念），成為當時布達佩斯最高的建築物。

2.匈牙利文的正式名稱Széchenyi lánchíd，Széchenyi是紀念提議及贊助建造本橋的謝切尼伯爵（Gróf Széchenyi István生於1791年、歿於1860年，推動匈牙利的現代化，曾出任交通與社會事務部長，被稱為近代最偉大的匈牙利政治家），當時布達、佩斯尚未合併成為一個都市，兩地隔著多瑙河，來往交通依靠渡輪，民眾都感到不方便，於是謝且尼提議建造第一座跨多瑙河的橋樑。1839年由英格蘭工程師威廉·克拉克（English engineer William Tierney Clark）負責設計，採用鋼纜吊橋，橋頭左右各有一頭公獅雕像，由蘇格蘭工程師亞當·克拉克（Scottish engineer Adam Clark）負責監督施工，在1849年完工使用，當時兩個橋墩間跨幅202公尺是世界最長的橋樑跨幅，因為在夜晚橋上鋼纜點亮一連串的電燈，遠望如鏈，所以稱為鏈橋。鏈橋在第二次世界大戰末期1945年1月18日遭德軍爆破，戰後重建，在1949年11月21日（紀念原橋完工啟用一百周年）重新啟用，新橋全長375公尺、寬12.5公尺。

附圖是首日實寄的航空掛號信封，匈牙利的集郵處寄到美國紐約市的法拉星，首日紀念郵戳的中央刻博覽會的地標——原子模型塔，信封的左下印博覽會的標誌、蓋布魯塞爾博覽會的郵戳日期是1958年4月21日，再由飛機空運到紐約市，信封背面蓋收件郵局的1958年4月23日郵戳，一個是法拉星郵局蓋的，另一個是法拉星的林登丘車站郵局蓋的。加蓋轉寄郵戳的首日實際信封並不多見，而此種加蓋轉寄特殊郵戳（和郵票發行主旨相關）的首日實際信封算是罕見郵品。

匈牙利郵政在1958年4月17日發行一款小全張，內含一枚面值10Ft郵票，圖案主題是卡札爾（KAZAR位於匈牙利北部的小鎮）婦女穿著的民俗服裝，小全張的左上印布魯塞爾博覽會的標誌，下方由左至右分別是匈牙利的國徽、布魯塞爾世界博覽會的徽章、比利時的國徽。

本款小全張採限量發行，只印了7萬張，由於用雕刻版印製得非常精美細緻，為了防止仿冒印製，所以使用「五角星水印紙」，將小全張對著燈光就可以看到五角星的水印紋。因此頗得集郵人士的喜好，結果造成一張難求，當時歐美的集郵刊物曾報導過這一則消息。

關於小男孩銅像的起源有幾種流傳的說法：

其中第一則是1142年，哥得弗利得二世公爵（Godfried II van Leuven）的軍隊對抗入侵的赫林貝亨（Grimbergen）爵主軍隊，為了激勵哥得弗利得二世公爵之死而士氣低落的軍隊，將領們就剛繼位、才兩歲的「哥得弗利得三世」放入搖籃裡然後掛在樹枝上，赫林貝亨的軍隊覺得很奇怪於是跑過來探個究竟，小公爵突然從搖籃裡站起來，並做出如後來噴泉銅像撒尿的姿勢，正好撒到他們，將領們就把握這個機會、激發當時的士氣，反守為攻，終於擊敗了敵軍，凱旋而歸，為了紀念小公爵於是立了一尊銅像供後人瞻仰。

第二則流傳的故事得到許多當地人的認同。據說在十四世紀，布魯塞爾被西班牙軍隊包圍，某個夜晚西班牙軍隊正要以火藥炸城牆，當時有個名字叫「就連」的小男孩半夜起來尿尿，看到城牆下有一條燃燒中的導火線，小男孩找不到水源撲滅，情急之下趕緊撒尿把引信澆熄、救了全城的人，為了感念這個小男孩就在原地立了一座雕像永遠保留，供後人憑弔。

第三則是當地導遊經常說給觀光客的故事，話說有一位富商帶了家人來到布魯塞爾的大廣場遊玩，當他發現最心愛的兒子走失了，於是立即宣布重金懸賞、請大家幫忙尋找他的兒子，最後有一位搜尋者發現他的兒子正在附近的公園痛快地小便，富商當然非常歡喜，除了頒發獎金、並且為了感謝當地市民的幫忙，因此就在大廣場的附近捐贈一座小男孩小便銅像。

第四則和上述一則情節類似，話說有一位小男孩跟著媽媽到大廣場去購物，當媽媽發覺兒子失蹤了，緊張萬分，逢人就呼叫：「我的

最中央是小男孩小便（尿尿小男童）噴泉銅像，右邊是布魯塞爾市政廳的夜景，左邊是「麵包之家」的夜景。「麵包之家」就在市政廳的對面，因為該建築物的原址是麵包商人賣麵包的市集，所以低地文稱為Broodhuis、英文即Bread House（麵包之家）。15世紀改為石造建築做為「布拉邦公爵」（duke of Brabant）的管理廳舍，當時法文稱為「Maison du Duc」即「公爵之家」之意。後來「布朗邦公爵」的稱號成為哈布斯堡（Habsburg）王室君主兼現今比利時領地的領主稱號，所以現今法文名稱改為「Maison du Roi」即「王者之家」之意。

兒子走失了，請幫忙尋找！」正好市長也在大廣場上遇到驚慌失措的媽媽，市長就大聲呼籲在廣場的市民協助找小男孩，最後小男孩被發現在附近小街的角落小便（就是現在立銅像的地點）。因為大廣場是布魯塞爾市中心最熱鬧、最擁擠的地方，經常發生小孩走失的事情，為了提醒市民和遊客隨時留意身旁跟隨的小孩，經市長提議、市議會決議通過，在小男孩小便的地方豎立了一座小男孩小便銅像。

蘇聯

蘇聯（CCCP）在1958年4月發行一套郵票共兩款，面值分別是10K、40K（KOPECK），圖案相同，主題是蘇聯展示館。

美國

美國在1958年4月17日為紀念開幕發行一款郵票，面值3C分，圖案右側和上緣印「BRUSSELS UNIVERSAL AND INTERNATIONAL EXHIBITION」即「布魯塞爾世界和國際展覽會」之意，主題是美國展示館。

西班牙

西班牙在1958年6月7日發行一套郵票共兩款，面值分別是80分（CTS全名Centimos）、3陪塞塔（PTAS 全名Pesetas），圖案相同，主題是博覽會標誌和地球，當中印「EXPO BRUSELAS 1958」即「1958年布魯塞爾博覽會」之意。

捷克斯拉夫

捷克斯拉夫在1958年7月15日為紀念布魯塞爾世界博覽會舉辦的「捷克斯拉夫週」活動而發行一款郵票，面值Kcs1.95，圖案主題是捷克斯拉夫展示館。

1962
西雅圖世界博覽會

英文：The Century 21 Exposition或 Seattle World's Fair
主題：太空時代的人類
地點：美國西雅圖
展期：1962年4月21日～10月21日
參加國：24個
參觀人數：964萬人

　　西雅圖世界博覽會又稱為「21世紀博覽會」（Century 21 Exposition），西雅圖位於美國西北部的華盛頓州，也是美國西北部的最大海港，展覽期間自1962年4月21日至10月21日，24個國家參展，在184日的會期中有961萬人入場參觀，主題是「太空時代的人類」。

展覽場地區分為：

　　「科學世界」（World of Science）主要展出美國的科學成就，當時最吸引觀眾的展出品是由美國國家航空暨太空總署提供各種人造衛

美國首位太空人謝巴德

◆位於西非的喀麥隆聯合共和國（法文國名REPUBLIQUE UNIE DU CAMEROUN印在上緣、英文國名UNITED REPUBLIC OF CAMEROON印在下緣）在1981年9月15日發行一款人類首次在太空二十周年紀念（20 ème Anniversaire des premiers hommes dans l'espace）郵票，面值500 F法郎，圖案右方是美國第一位太空人謝巴德、左方是自由七號太空艙。

星的模型和實物大的模型，而最有人氣的是1961年5月5日載美國第一位太空人謝巴德（Alan Shepard）進入次軌道的自由七號（Freedom 7）太空艙。另外有一座太空表演廳一次可容納750位觀眾做模擬太空之旅，從太陽系到銀河系再到更遙遠的外太空。

「21世紀世界」也就是著名的明日世界由華盛頓州資助，展出西雅圖的未來都市設計模型，還有未來的交通系統（以單軌鐵路和高速空中車輛、電力控制的高速公路為中心）、未來的辦公室、未來的學校（電子知識儲存庫）控制氣候的農場等。另外由著名企業提供未來的各項構想展示說明，觀眾們最後會來到華盛頓州觀光旅遊中心提供想要去遊覽該州的資訊。

「工商世界」（World of Commerce and Industry）分為國內區和國外區。

國外區包括：美國著名的企業，其中最吸引女性觀眾的就是Vogue服裝雜誌每天提供四場流行服裝表演。福特汽車公司（Ford Motor Company）展出模擬太空飛行。電力展示館（Electric Power Pavilion）則建了一座12公尺高的噴泉，看起來像似水力發電的水壩。貝爾電話公司（Bell Telephone）提供「21世紀通話」電影短片。森林產品展示館（Forest Products Pavilion）的外觀造型最特別，被各種樹木的樹叢圍繞起來。

國內區包括：英國的科技展示，墨西哥和祕魯主要展示手工藝品，日本和印度展現自己國家的文化，巴西以茶和咖啡為主題產品。歐洲共同體館由來自六個歐洲經濟共同體國家（荷蘭、比利時、盧森堡、德國、法國、義大利）參展，非洲聯合館由新獨立的非洲國家參展。瑞典展出17世紀人力戰船沉在斯投克侯姆（Stockholm）海港被打撈的故事，位於義大利中部的聖瑪利諾共和國展出它所發行的郵票和陶瓷器。

「藝術世界」（World of Art）在功能上算是藝術館，展出50位美國當代畫家的作品、50位國際當代畫家的作品，此外還展出埃及的古代藝術品以及72位著名大師的傑作，包含提善、林布朗、盧本斯、盎格爾、莫內以及畢卡索等。另外一間單獨的畫廊展出西北海岸印地安人藝術（Northwest Coast Indian art）。

「娛樂世界」（World of Entertainment）包含歌劇院和表演劇院，展覽會期結束後改為西雅圖固定劇團定期表演劇院，1980年代中期改為殷提曼表演劇院。

「表演街道」是世展覽會的成人娛樂部分，「歡樂道」是一個小的遊樂園，展覽會期結束後改為遊樂森林，「世界大道」是展覽會場中購物中心，「陳列展售會場」則提供另一個購物區，「食品和愛好口味」內有各種餐廳和食品攤位，「食品圓形廣場」內有52家販賣店。

此次博覽會的最著名兩大建設是「太空針」（Space Needle）高塔和高架單軌鐵路（monorail）。太空針高塔位於西雅圖的市中心區，當時每日有約20,000人次利用電梯登塔；在該屆博覽會中共有230萬人登塔參觀。塔高184公尺（約為60層樓高），最寬處42公尺。它可以承受時速320公里的風力和9.1級的地震，並且有25支避雷針來抵擋電擊，工程費用約450萬美元。參觀者可以搭乘時速16公里的升降電梯到塔頂，大約需要43秒，有時因為參觀者多，所以需要排隊大約一個小時才可進入電梯內。塔頂的餐廳是一座旋轉餐廳，可以在47分鐘內環繞一周360度觀賞西雅圖的景觀。單軌鐵路造價350萬美元，在1962年3月24日起開始通車營運，起訖點是「西雅圖中央」站、「西湖中央」站，長1.9公里，營運時速80公里。

看郵票遊世博

美國

美國（U.S.）在1962年4月25日發行一款紀念郵票，面值4C分，圖案左側印「SEATTLE WORLD'S FAIR 1962」即「1962年西雅圖世界博覽會」之意、右側印「UNITED STATES POSTAGE」即「合眾國郵資」之意，主題是西雅圖世界博覽會的地標建築物「太空針」高塔和單軌鐵路。

發行數量14,731萬枚。

海地共和國

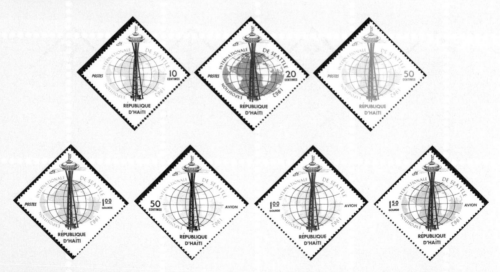

★海地共和國在1962年10月19日發行一套紀念郵票共七款，面值分別是四款普通郵資「10 CENTIMES」、「20 CENTIMES」、「50 CENTIMES」、「1.00 GOURDE」和三款航空郵資「50 CENTIMES」、「1.00 GOURDE」、「1.50 GOURDE」，每款圖案皆相同，採菱形構圖方式，中間是「太空針」高塔、左上印太空艙、襯底是印法文「EXPOSITION INTERNATIONALE DE SEATTLE 1962」（1962年西雅圖國際博覽會）圍著地球。

★海地共和國在1963年1月23日發行一套「太空和平用途」宣傳郵票，是將上述一套博覽會紀念郵票選出其中四款，面值分別是兩款普通郵資「50 CENTIMES」、「1.00 GOURDE」和兩款航空郵資「1.00 GOURDE」、「1.50 GOURDE」，加蓋黑色的「美國水星太空艙」圖案和「UTILISATIONS PACIFIQUES DE L'ESPACE」字樣（即「太空和平用途」之意）。

★海地共和國在1963年2月20日發行一套「太空和平用途」宣傳郵票，是將前述一套博覽會紀念郵票選出其中四款，面值分別是兩款普通郵資「50 CENTIMES」、「1.00 GOURDE」和兩款航空郵資「1.00 GOURDE」、「1.50 GOURDE」，加蓋紅紫色的「美國太空艙」圖案和「UTILISATIONS PACIFIQUES DE L'ESPACE」字樣（即「太空和平用途」之意）。

註 上述兩套加蓋圖案的郵票，除了刷色不同，圖案也稍有不同，黑色圖案沒有外框線、也沒有「太空艙」旁邊的斷續橫線。海地是個經濟狀況很差的國家，所以把握難得機會，加印這兩套郵票就是想搭上搜集太空專題熱潮的順風車，從郵迷身上多賺一些錢。

1964／65
紐約世界博覽會

英文：1964／1965 New York World's Fair
主題：由了解促進世界和平
地點：美國紐約
展期：1964年4月22日～1965年10月17日
參觀人數：5167萬人

　　紐約世界博覽會於1964年4月22日在紐約揭幕，展期到1965年10月17日結束，主題是「由了解促進世界和平」。原先預定參觀人數可以達到7000萬人，但實際參觀人數只達5100萬人。

　　1960年代美國進入經濟景氣時期，一群紐約商界人士於是有了再度舉辦紐約世界博覽會的構想，在他們的腦海裏留下孩童時代參觀1939　40年紐約世界博覽會的美好回憶，所以他們認為以美國的經濟實力可在同個地方舉辦一次規模更大的博覽會，想要為他們的子孫提供相同美好經歷。而另外一項重要的理由就是商業利益的考量，因舉辦博覽會能吸引更多的觀光客而使得紐約經濟更加繁榮。於是就利用1939／40年紐約世界博覽會的原有場地——「法拉盛草原公園」加以整建和擴充，面積約達2.6平方公里，因此成為美國史上規模最大的博覽會。

　　但由於國際展覽局（BIE）對世界博覽會的舉辦有三項嚴格規定：

　　一、展期不可超過6個月

但1964／65年紐約世界博覽會的展期卻長達18個月。

二、不可以向參展者收租金

但1964／65年紐約世界博覽會的主辦單位考慮到收支平衡問題，向參展設館者收租金。

三、一個國家只能在10年內舉辦一次世界博覽會

而美國在1962年已經舉辦過西雅圖世界博覽會。

1964／65年紐約世界博覽會都違反上述三項規定，所以無法得到國際展覽局認可。但主辦單位則認為美國不是該組織的成員國，美國的經濟實力如日正當中又是世界超級強國，根本不理會國際展覽局的規定，決定照辦不誤，因此激怒國際展覽局發起抵制，該局正式通告成員國不可參加紐約主辦的博覽會。主辦單位也有對策於是轉向許多國家的貿易和旅遊觀光組織代替政府的贊助來參展，此外當時有不少開發中的國家還在接收美國的經濟援助，當時要顧美國的面子，所以非洲的新獨立國家則共同組成非洲展示館。台灣受邀以中華民國名義參展，還建了一座宮殿式的展示館，並發行一套印刷精美的紀念郵票表達最誠摯的賀意。

主要的參展國和地區為：

亞洲：日本、南韓、香港、菲律賓、泰國、印度、巴基斯坦、約旦等

歐洲：柏林市、瑞典、丹麥、奧地利、教廷、比利時、瑞士、希臘等

美洲：委內瑞拉、墨西哥

美國：阿拉斯加州、蒙他那洲、紐約州、紐約市

吸引觀眾的主要展示物

西屋電力和製造公司提供的時間封罐（Westinghouse Time Capsules）在本屆博覽會又埋了一個，埋入時間是1965年10月16日，啟封設定的年份在6939年和第一個相同，地點在1938年所埋的第一個時間封罐的向北10英尺（3.048公尺），形狀大小都相同，重量只有第一個的一半（約400磅），是因為外殼的材質使用當時最新科技製成的特殊不銹鋼，成分包含52.60%的鐵、21.24%的鎳、15.43%的鉻、8.20%的錳、2.15% 的鉬、0.22%的矽、0.05%的碳、0.013%的磷和0.012%的硫。內裝五大類物品：

1.普通用品　2.原子能　3.科學發展

4.太空　5.其他包含一面美國國旗

由辛克萊石油公司贊助的「恐龍庭園」，在園中放了9種實物大的複製模型，包括辛克萊石油公司商標內的雷龍，一項非正式的民意調查顯示在10歲以下的入場參觀者都認為「恐龍庭園」是博覽會中最酷的展覽場。

註 辛克萊石油公司由辛克萊（Harry F. Sinclair）在1916年5月1日創立，商標內有一隻雷龍。

聯合國兒童基金會（舊名聯合國國際兒童緊急救援基金會，簡稱UNICEF，1946年12月11日在聯合國大會上成立）展示館由美國的百事可樂（Pepsi-Cola）公司贊助的「小世界」成為最受小朋友喜歡的展示館，「小世界」和其他展出的迪士尼遊樂設施在博覽會結束後都被移到美國加州阿那罕姆市（Anaheim）的迪士尼樂園。

「小世界」聖誕節郵票

　　位於中美洲的貝里斯在1985年11月1日為紀念安那罕市的迪士尼樂園創立三十周年，發行一套以「小世界」（IT'S A SMALL WORLD）為圖案主題的聖誕節郵票，圖案右上印1985年聖誕花環。

◆左圖：面值1c分：加拿大的騎警划舟在河川巡視。

◆中圖：面值2c分：美國的印地安小朋友。

◆右圖：面值3c分：南美洲的印地安小朋友牽著駱馬越過安第斯山脈（南美最高山脈）。

◆左圖：面值4c分：非洲的小朋友，一位在拍鼓、一位帶著面具在跳舞。

◆中圖：面值5c分：印度的小朋友，一位在吹號、一位在跳舞。

◆右圖：面值6c分：貝里斯的小朋友在鄉間道路上前進，後面跟著一頭載貨的驢子。

◆左圖：面值50c分：巴爾幹半島（Balkans位於歐洲東南部）的小朋友，一位在彈琴、一位在跳舞
◆右圖：面值1.50圓：埃及、沙烏地‧阿拉伯的小朋友，一位騎在駱駝背上敲鼓、一位在跳舞。

　　　日本館展出「新幹線」高速鐵路列車的實物大模型。1964年10月1日配合東京奧運會開幕，東京到大阪的東海道新幹線正式通車，時速高達210公里，成為全世界速度最快的電力列車。所以「新幹線」高速鐵路列車的實物大模型成為最吸引觀眾的展覽物之一，當時美國中上階級的家庭每年都有到國外旅行的計劃，於是日本的觀光業者就在館內對觀眾積極促銷到日本旅

日本在1964年10月1日發行一款「東海道新幹線開通記念」郵票，面值10圓，圖案主題是在東海道新幹線運轉的第一代《光》（ひかり）號超特急列車。

遊親身體驗全世界最快速的列車，成績果然亮麗，不少參觀過的美國人就打算在1964、1965年度選擇到日本旅遊。

美國預定5年內（1969年果真實現）美國太空人登上月球，所以展出月球表面基地活動的情景，以及在南極建設的氣象預報研究中心、海底探險的模樣和海底觀光用的「亞特蘭提斯旅店」、沙漠灌溉、大規模的海邊拓殖新生地和都市建設、叢林闢建道路和未來都市共6個情景模型。參觀者坐在輕量軌道列車從上俯瞰情景模型，最初6個月展期共吸引了2600多萬人，在尖峰時段觀眾需要等待兩小時才能入場，成為聚集最多觀眾的展示場。

馬爾地夫共和國在1974年2月1日發行一套太空專題郵票，其中面值1L的圖案左邊是太空艙和登月器具、右邊是美國總統甘迺迪的頭像。甘迺迪總統在1961年5月25日的演說中聲稱美國應該在1970年以前達到「將太空人送到月球上，並且使他安全回到地球」的目標。因此使得將太空人送入月球軌道的阿波羅計劃被迅速調整，變成了載人登月計劃。

而其他像是：通用汽車（General Motors）公司就展示的第二代未來景觀（Futurama II，Futurama由future diorama合組而成）模型，規劃60年後即2024年的科技和景觀；紐約市展示館展出「大市鎮THE BIG TOWN」，也就是紐約市的模型；伊斯特曼‧柯達公司（Eastman Kodak Company）在展示館展出「大畫面電視」；還有美國電話電報公司（AT&T）所展出最新發明的附電視畫面的電話，也都深深吸引了人們的眼睛。

看郵票遊世博

美國

美國在1964年4月22日發行一款紀念郵票，面值5C分，圖案上緣印「NEW YORK WORLD'S FAIR」即「紐約世界博覽會」之意，主題是紐約世界博覽會的地標——不銹鋼製成的巨大地球儀和火箭投擲者雕像。

發行數量14,570萬枚。

杜拜

位於中東的杜拜在1964年4月22日發行一套紀念郵票共九款及一款小全張，每款圖案的最中央印世界博覽會的地標——地球儀（Unisphere）及中下印「NEW YORK WORLD'S FAIR 1964」即「1964年紐約世界博覽會」之意，圖案主題分為三款。

◆面值1、3、5NP（Naye Paise的簡寫）等三款圖案左方是位於紐約市曼哈坦半島南部的摩天大樓群和跨越東河（East River）的布魯克林橋，右方是杜拜港。

◆面值2,4,10P等三款圖案左方是位於紐約市、瀕哈德遜河的摩天大樓群，右方是杜拜的大樓。

註 布魯克林吊橋位於曼哈坦半島南部和布魯克林區之間，1870年動工興建直到1883年才完工，兩座橋墩間跨幅486.3公尺、全長1825公尺、寬26公尺。1964年被列為美國的國家史地標。

◆面值75P,2R,3R（Rupee的簡寫）等三款航空郵資的圖案左方是位於紐約市的自由女神像，右方是杜拜港和船舶。

小全張內含2R、3R兩款航空郵票，小全張的上緣及右上以阿拉伯文、下緣及左下以英文印「杜拜政府」（Government of DUBAI）、「1964年紐約世界博覽會」（NEW YORK WORLD'S FAIR 1964）。

美國

美國在1947年8月20日發行行一款航空郵資郵票，面值15CENTS分，圖案上方印「AIR MAIL」即「航空郵寄」之意，下緣印「UNITED STAES POSTAGE」即「合眾國郵資」之意，主題是位於紐約、瀕哈德遜河（長507公里）的摩天大樓群，左側是最著名的地標——自由女神像。左上是洛克希德公司製造的星座式（Lockheed Constellation）旅客機，被稱為型體最優美的飛機，最快時速607公里，最大載客數109名。發行數量756,186,350枚。

西班牙

西班牙在1964年4月23日發行一套紀念郵票共五款，每款圖案的最上緣及左側印「FERIA MUNDIAL DE NUEVA YORK 1964–1965」即「1964～1965年紐約世界博覽會」之意，右上印紐約世界博覽會的標誌巨大地球儀，圖案主題名稱則印在邊框外的左下處，左下印西班牙參展紐約世界博覽會的標誌。

1️⃣ 面值1陪塞塔（PTAS）主題名稱：「PABELLON ESPAÑOL」即「西班牙展示館」之意。

2️⃣ 面值1.50陪塞塔（PTAS）主題名稱：「FIESTA DE TOROS」即「鬥牛表演」之意。

3️⃣ 面值2.50陪塞塔（PTAS）主題名稱：「CASTILLO DE LA MOTA」即「莫塔城堡」之意，位於西班牙中部的小鎮Medina del Campo，MOTA之意是為防守而由人工建造的山，於12至15世紀間興建。

4️⃣ 面值5陪塞塔（PTAS）主題名稱：「BAILE ESPAÑOL」即「西班牙舞蹈」之意，一位舞者跳著西班牙民俗舞蹈、旁邊有一位男士彈吉他為舞者拌樂。

5️⃣ 面值50陪塞塔（PTAS）主題名稱：「PELOTA VASCA」即「Basque Ball巴斯克地區的球」之意，指「Jai alai」西班牙式的回力球（類似手球的室內運動）。

台灣

我國受邀參加紐約世界博覽會，在會場設立展覽館，並發行「紐約世界博覽會」一套紀念郵票共四款，本套郵票委由瑞士哥瓦錫印刷公司以彩色影寫版印製。

◆左圖：面值0.80圓圖案主題是紐約世界博覽會的標誌–地球儀、上方插中華民國和美國國旗。

◆右圖：面值5.00圓圖案主題是宮殿式的中華民國展示館、左上方印紐約世界博覽會的標誌——地球儀。

面值0.80圓和面值5.00圓兩款郵票原訂於1964年8月24日發行，因船運延遲，所以改在1964年9月10日發行。面值2.00圓和面值10.00圓兩款郵票於1965年5月8日發行。

◆左圖：面值2.00圓圖案左方印紐約世界博覽會會場中心的地球儀噴水池、右邊遠方印中華民國展示館。

◆右圖：面值10.00圓圖案主題是百鳥朝鳳圖、右上印紐約世界博覽會的地標——地球儀。

中華民國展示館內陳列百鳥朝鳳的木刻屏風，象徵各地遊客踴躍參觀我國展示館的盛況。

位於阿拉伯半島南端的葉門阿拉伯共和國在1964年5月10日發行一套共七款，每款圖案的最下緣左邊用英文（WORLD FAIR 1964）、右邊用阿拉伯文印1964年世界博覽會，最下邊框外之中下處印郵票由位於維也納的奧地利國家印製所印製。

◆面值1/4B（Bogaches）、1B和20B圖案左邊印紐約最精華商業區──曼哈坦半島南端以及跨越東河的布魯克林橋、中間印噴射客機、右邊印葉門首都──沙那市街

◆面值1/3B和4B圖案左邊印紐約著名地標──1B帝國大廈、中間印葉門阿拉伯共和國的國旗、右邊印葉門首都沙那的清真寺

◆面值1/2B和16B圖案左邊印紐約著名地標──自由女神像、中間印遠洋大客輪、右邊印葉門何待答（Hodeida）港碼頭的起重機和貨輪

多哥共和國

位於西非的多哥共和國在1965年8月28日發行一套共五款，圖案呈菱形設計，每款左右上緣印法文「FOIRE MONDIALE」「DE NEW YORK」即「紐約博覽會」之意。

◆面值5、25、85 F西非法郎圖案主題是紐約博覽會會場地標的地球儀、背景是紐約曼哈坦半島的摩天大樓。

◆面值10 F西非法郎圖案主題是多哥的民俗舞蹈表演者和鼓手、背景是紐約博覽會會場地標的地球儀。

◆面值50 F西非法郎圖案主題是文藝復興時期藝術大師──米開朗基羅（1475年～1564年）的偉大雕像《聖母馬利亞抱著受難的耶穌》（拉丁文稱為Pieta，亦稱為聖母慟子像）、背景是紐約博覽會會場地標的地球儀。

巴拿馬

位於中美洲的巴拿馬在1964年9月14日發行一套共四款航空郵票，每款圖案下緣印西班牙文「FERIA MUNDIAL DE NUEVA YORK 1964」即「1964年紐約世界博覽會」之意。

◆左圖：面值5分圖案主題是羅馬教廷館。◆右圖：面值10分圖案主題是紐約州館。

◆左圖：面值15分圖案主題是蘇丹館。◆右圖：面值21分圖案主題是紐約博覽會會場地標的地球儀。

天主教教廷

羅馬教廷郵政（俗譯為梵諦岡）在1964年4月22日發行一套共四款郵票，每款圖案的左、上、右邊框印拉丁文「CIVITAS VATICANA UNIV. NEOEBORACENSEM EXPOSITIONEM PARTICIPAT」即「梵諦岡城邦參與紐約世界博覽會」之意。

下圖是首日封，首日封左上印羅馬教廷展示館、左中印「聖母馬利亞抱著受難的耶穌」雕像、中央蓋發行首日郵戳、中下蓋羅馬教廷展示館的紐約世界博覽會紀念戳。雕像在羅馬教廷展示館展出，據估計吸引近千萬人參觀。

1️⃣ 2️⃣ 面值15和100里拉圖案主題：教宗保羅六世（Paul VI），曾在1965年10月4日訪問位於紐約市的聯合國總部。左上印拉丁文的1964年──「A. MCMLXIV」。

3️⃣ 面值50里拉圖案主題：米開朗基羅的偉大雕像──《聖母慟子像》

4️⃣ 面值250里拉圖案主題：《聖母慟子像》雕像中聖母的頭部。

米開朗基羅的聖母慟子像

聖母慟子像是座大理石雕像在1498至1500年彫作，完成時米開朗基羅才25歲，表達「耶穌被釘死於十字架後，遺體從十字架卸下，聖母馬利亞悲慟地抱著耶穌」的聖經情節，原雕像安置於羅馬教廷的聖彼得大教堂內。

聖母慟子像是唯一刻上「米開朗基羅」名字的作品

有一次，米開朗基羅正好經過收藏「聖母慟子像」的聖彼得大教堂，聽到幾位觀賞過此雕像的人，都對這一件偉大的作品讚不絕口，並且好奇的互問是誰雕刻的。當時有人説：「我知道是克里斯托浮羅·所拉里（Cristoforo Solari）的作品。」就在旁邊的米開朗基羅，並沒有馬上説出他才是雕像的作者，只是繼續保持沉默，但他卻覺得很不是滋味。

於是就在某一夜晚，獨自一人帶了鑿子和一盞小燈，來到《聖母慟子像》前，將「米開朗基羅 波那羅圖斯 佛羅倫斯人 作的」刻在馬利亞雕像胸前的飾帶上。但事後他又十分後悔，很自責的説：「我實在不應該為了一時的傲氣衝動，而破壞了一件藝術品的完整性。」在此之後，米開朗基羅每次完成作品時，只是畫上一筆或是敲上一錐，就算是代表他的署名。

1967
蒙特婁世界博覽會

英文：1967 International and Universal Exposition, or Expo 67
主題：人類和他的世界
地點：加拿大蒙特婁
展期：1967年4月28日～10月27日，共183天
總面積：400公頃
參加國：62個
參觀人數：50,306,648人

　　蒙特婁（Montreal）位於加拿大東部，主要市區坐落於聖勞倫斯
（Saint Lawrence）河和渥太華（Ottawa）河會流處的蒙特婁島（Island
of Montreal），市區內有74個島嶼，是世界上處於最內陸的海港（也
是河港），因為市中心的皇家山（Mont Royal，最高處232公尺）而得
名。大都會區人口約372萬，是僅次於多倫多（Toronto）的加拿大第
二大都市。該市在法語圈的地位是僅次於巴黎的第二大都市，有「北
美巴黎」的美稱，也是世界最大的雙語（英語和法語共通）都市。

　　1967年蒙特婁世界博覽會是加拿大首次舉辦世界博覽會，主要是
為了慶祝加拿大建國一百周年紀念。加拿大政府最初選定由最大的都
市多倫多主辦，但是多倫多的當政者鑒於1964　65年紐約世界博覽會
的財務虧損而不願意接辦，於是大好機會就眷顧了蒙特婁。當時蒙特
婁的經濟正進入快速發展期，經濟的繁榮直接帶動了捷運、地下鐵等
大規模都市建設，蒙特婁市政當局正為如何進入國際化大都市之列尋

找契機，能舉辦世界博覽會當然是一個自動送上門的絕好機會。

蒙特婁市政當局將世界博覽會展覽場地的規劃和都市發展、建設計畫結合起來，透過舉辦世界博覽會帶動都市的整體建設、發展，使得蒙特婁完成良好的地下鐵和水上交通系統，完善的市政設施也　博覽會之後的都市開發奠定更好的基礎。蒙特婁辦過世界博覽會後，在國際上的知名度大幅提升，加上具備國際大都市應有的最現代化建設，都成為爭取奧運會主辦權的有利條件。蒙特婁曾經五度申請主奧運會，直到1970年5月12日的國際奧林匹克委員會全會，才贏得了1976年第二十一屆奧運會的主辦權。

加拿大在1967年1月11日發行一款建國一百周年紀念郵票，面值5C分，圖案上方是加拿大國旗、下方顯示加拿大國土的地圖、右下是建國一百周年紀念標誌。

由於當年正處於美國和蘇聯做太空競賽的時代，兩國的展示館分別展出太空探測的成果和飛行器的模型，吸引大批觀眾，成為最有人氣的展示館。

◆聖勞倫斯河畔的蒙特婁摩天大樓夜景

◆從皇家山俯瞰蒙特婁市

蒙特婁世博會上的遊樂場，擁有當時最時尚的娛樂設施，環繞（La Ronde）遊樂場吸引2250萬遊客。也就是說，將近一半的世博會參觀者光顧了La Ronde遊樂場。世博會期間，有來自世界各地的著名馬戲團到遊樂場表演，還有自建的23個大型水族館和1個水鳥館，豐富多彩的動物表演和雜技項目吸引了大量參觀者。而且各館也非常有特色，像英國館就展示了英國人一天的生活，為參觀者帶來了甲克蟲樂隊的演出，表現了英國現代文化、英國紳士的生活方式和英國人特有的幽默。

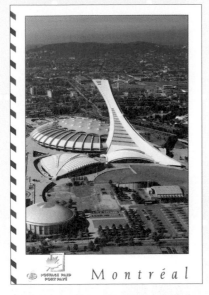

◆在蒙特婁的奧林匹克體育館可容納65,000人，其中的斜張吊塔高175公尺，是世界上最高的傾斜建築物，蒙特婁在1976年7月17日至8月1日主辦過夏季奧林匹克運動會。

◆天主教的聖母大教堂的內部

蒙特婁著名的名勝古蹟——天主教的聖母大教堂的內部，教堂主體建築在1824年完成，第一座尖塔在1843年完成時，該堂成為北美最大的教堂，1872至1879年進行內部裝飾，之後又擴建，至1888年整體完工。

　　活動統計蘇聯展示館吸引最多參觀者估計達1300萬人次，加拿大館居次達1100萬人次，美國展示館吸引900萬人次，法國展示館吸引850萬人次，捷克展示館也吸引800萬人次。

　　　蒙特婁世博會場址位於聖勞倫斯河中的聖赫蓮島（將它拓展）和聖母島（興建人工島）。因為不同展區和展館群之間距離較遠，所以主辦當局準備了多種運輸方式，除了高速公路、捷運電車等高效率交通工具，還有富有情趣的樺樹皮製作的小船、豪華遊艇、輕便的出租腳踏車、新穎的氣墊船等。因此，搭乘世博園區內別緻的交通工具也成為遊客極感興趣的娛樂活動。

　　蒙特婁世博會的主題是「人類和他的世界Man and His World」，表達謀求人類共同進步的理想，反映了加拿大作為當時高度發展國家對全球發展的一種責任意識。和以前各屆世界博覽會的主題相比，「人類和他的世界」展現了更為濃厚的人文情懷，贏得了國際社會的普遍認同，使得加拿大的國家形象更加提升。

◆花園和19世紀建築都是蒙特婁老市區最有吸引人氣的部分。

看郵票遊世博

加拿大館

加拿大館的屋頂設計象徵水晶和金屬礦產的晶體介面，倒錐體建築名稱取自愛斯基摩語「聚集地」（Katimavik），象徵對世界各地參觀者的歡迎。展館旁邊設立巨型「楓樹」，共有1500片「楓葉」，每一片都是反映加拿大人工作和娛樂的彩色照片。

◆加拿大在1967年4月28日發行一款1967年蒙特婁世界博覽會（expo 67）紀念郵票，面值5C分，圖案主題是加拿大展示館、左上印蒙特婁世界博覽會標誌。

美國館

美國展示館白天在日光下閃閃發光，夜晚則燈火通明。在美國館中，最引人矚目的是模做月球展示品，一個高達123英尺的升降梯載著參觀者掠過模擬的月球奇境。而大約兩年以後，美國的阿波羅11號（Apollo XI）登月任務成功，為人類邁出了歷史性的一步，實現了人類幾千年來的夢想，也將蒙特婁世博會美國展示館中的「虛擬登月」變成了現實。

◆羅馬尼亞郵政（POSTA ROMINA）在1964年1月15日發行一套太空人專題郵票，其中面值20BANI的中心圖案是美國太空人「葛林」（背後印美國國旗）。

◆馬爾地夫共和國（REPUBLIC OF MALDIVES）在1974年2月1日發行一套太空專題郵票，其中面值2L的圖案右方是美國太空人「葛林」、左方是飛行中的「友誼七號」。

阿波羅計劃

◆上圖：美國在1969年9月9日發行一款航空郵資郵票，紀念美國太空人阿姆斯壯（Neil Alden Armstrong）在1969年7月20日首次登陸月球成功，面值10分，圖案主題是太空人阿姆斯走下太空艙的階梯、踏上月球表面，下緣印「FIRST MAN ON THE MOON」即「在月球的第一人」之意。

發行數量152,364,800枚。

◆下圖：格瑞那達在1969年9月24日發行一套阿波羅11號紀念郵票，其中面值1/2分的圖案主題是太空人阿姆斯壯採集月球岩石，左上印「WE CAME IN PEACE FOR ALL MANKIND」即「我們為全人類的和平而來」之意。

阿波羅11號是「阿波羅計劃」（Project Apollo）中的第五次載人任務，也是人類第一次登月任務，3位執行此任務的太空人分別為指令長阿姆斯壯、指令艙操控員柯林斯與登月艙操控員愛得林。1969年7月16日發射升空，1969年7月20日降落月球表面，阿姆斯壯和愛得林成為首次踏上月球的人類，在月表行走時間為2小時31分鐘40秒，共計在月表停留21小時36分鐘20秒。

7月21日，登月艙降落六個半小時後，阿姆斯壯扶著登月艙的階梯踏上月球，說出一句名言：「這是我個人的一小步，卻是全人類的一大步。」愛得林隨後踏上月球，兩人在月表活動了兩個半小時，使用鑽探取得月芯樣本，拍攝了些照片，也採集了月表岩石。太空人在月球表面上放置許多科學儀器，還留有美國國旗和紀念牌，紀念牌上畫有兩幅地球的圖像（東半球和西半球）、題字、太空人的簽名和當時美國總統尼克森的簽名。紀念牌上的題字為：「公元1969年7月，來自地球的人類第一次登上月球，我們為全人類的和平而來」。1969年7月24日16:50:35安全降落於威克島（Wake Island）以東2,660公里的太平洋海面，任務時間8天13小時18分鐘35秒。

蘇聯館

蘇聯展示館的玻璃幕牆、巨型凸起的屋頂，展現先端設計風格，是蒙特婁世博會上最有人氣的展館。蘇聯館展示蘇聯在太空科技方面的偉大成就——「世界上第一位進入太空的是蘇聯的軋軋林」：1961年4月12日莫斯科時間上午9時7分，蘇聯太空人「由里‧軋軋林」（Yuri Gagarin，生於1934年3月9日，1968年3月27日死於試飛失事）搭乘東方一號太空船從拜科努爾發射場升空，首次成功進入太空，在最大高度為301公里的軌道上繞地球一周，歷時1小時48分鐘，在上午10時55分安全降落在蘇聯境內。軋軋林因此成為蒙特婁世博會參觀者心目中的英雄，遺憾的是，他在蒙特婁世博會後的第二年就不幸墜機罹難。

蘇聯館還展示了太空飛行器模型、太空艙設施等，參觀者在蘇聯館能親眼目睹「人類飛上太空」的實現。

蘇聯在1967年1月25日發行三款郵票共和一款小全張，分別是：

1 面值4K圖案主題是海水轉換（成淡水）器、最下是蘇聯館。

2 面值6K圖案主題是象徵和平用途的原子分裂、最下是蘇聯館。

3 面值10K圖案主題是「質子」太空站、最下是蘇聯館。

◆小全張內含一款面值30K郵票圖案是蘇聯館，小全張的整體圖案是位於聖勞倫斯河中的聖赫蓮島（中上）和聖母島（左下）做為1967年蒙特婁世界博覽會的場地。

法國館

法國在1967年4月22日發行一款郵票，面值0.60法郎圖案
主題是法國館（「PAVILLON DE LA FRANCE」印在圖案右
下邊）。法國館的展示主題是傳統和創新，為參觀者提
供的法國菜和法國香檳在世博會期間大受歡迎。

南韓館

南韓（南韓自稱大韓民國，Republic of Korea，Korea其實是高麗的譯音）在1967年4月28日發行一
套郵票共兩款及一款小全張，面值7圓和面值83圓，圖案相同，主題是南韓展示館，屋頂豎立著
參展國國旗，第一面是南韓國旗，左上印加拿大國旗，右上印「蒙特婁博覽會標誌」。

小全張內含上述兩款郵票，但是沒打齒孔，集郵術語稱為無齒小全張，上方印

「POSTAGE STAMPS TO COMMEMORATE

PARTICIPATION OF THE REPUBLIC OF KOREA

IN THE UNIVERSAL AND INTERNATIONAL EXHIBITION

OF 1967, MONTREAL, CANADA」

即「郵票紀念」、「大韓民國參加」、「環球和國際展覽」
「1967年 蒙特婁 加拿大」之意。

美國

美國在1962年2月20日發行一套實施「水星計畫」
（PROJECT MERCURY）宣傳郵票，面值4C分以及
「U.S. MAN IN SPACE」（美國人在太空）印在圖案左
下處，水星計劃是美國國家航空暨太空總署在1959年
至1963年執行的太空飛行計劃。1962年2月20日美國的
友誼七號（Friendship 7）太空艙由太空人葛林（John
Herschel Glenn Jr.）操控完成美國首次載人太空艙在軌
道上繞行4小時55分23秒，成功返回地球後，官方消息

一公佈，當時造成轟動全球，此款郵票的發行也吸引全球郵迷爭先購買，美國郵政總局公佈總
共印製了28,924萬枚。

不丹

不丹在1967年5月15日發行一套郵票共三款及一款小全張，是將1965年4月21日發行的紐約世界博覽
會紀念郵票共六款選出三款加蓋「expo 67」及「蒙特婁博覽會標誌」。

小全張內含面值1.50和2NU的郵票各一枚，小全張圖案下方以黑色鏈
條圖案加蓋於原本印的字樣「NEW YORK WORLD'S FAIR 1964-1965」即
「1964-1965年紐約世界博覽會」之意，下面再加蓋「expo 67」。

◆面值33CH的圖案是不丹的步道橋、背景是位於紐約跨越哈德遜河的「喬治‧華盛頓大橋」
（George Washington Bridge 總長度1,450.85公尺），面值1.50NU的圖案是不丹的寶塔、背景是位於
紐約的摩天大樓，面值2NU的圖案右邊是金身佛像、左邊是米開朗基羅的的偉大塑像——《聖母
慟子像》。

喀麥隆共和國

位於中非的喀麥隆共和國（法文國名REPUBLIQUE FEDERALE DU CAMEROUN印在郵票圖案上
方）在1967年10月18日發行一套航空（POSTE AÉRIENNE）郵票共三款，圖案最下方印法文
「EXPOSITION UNIVERSELLE ET INTERNATIONALE 1967 MONTREAL CANADA」即「1967年加拿大蒙特
婁環球和國際博覽會」之意

1 面值50 F法郎圖案主題是喀麥隆展示館。

2 面值100 F法郎圖案主題是邦瓦（Bangwa，喀麥隆西部的少數民族，約兩萬人）屋柱上雕刻著
古代人偶。

3 面值200 F法郎圖案主題是加拿大展示館。

盧安達共和國

位於中非內陸的盧安達共和國在1967年8月10日發行一套郵票共八款，每款圖案左上印「1967年博覽會標誌」、主題是非洲館和廣場（法文PLACE D'AFRIQUE印在左側）。

◆面值0.20 F、15 F法郎圖案右側是非洲武士舞者和鼓手。

◆面值0.30 F、3F法郎圖案右側是非洲鼓和各種容器。

◆面值0.50 F、40F法郎圖案右側是非洲武士舞者。

◆面值1 F、34F法郎圖案右側是非洲矛、盾牌和弓。

浦隆地共和國

位於中非內陸的浦隆地共和國在1967年10月12日發行一套郵票共六款及一款小全張，圖案最下緣印「expo 67 montreal」即「1967年蒙特婁博覽會」之意，右下印「蒙特婁博覽會標誌」，圖案主題選用世界名畫，每款郵票右旁附一款貼紙，中心圖案印「蒙特婁博覽會標誌」，標誌內印的四行英文和小全張圖案右下印的四行英文相同。

1 面值4F法郎圖案主題是法國名畫家「米勒」（JEAN-FRANÇOIS MILLET，1814年～1875年）畫的《拾穗者》。

《拾穗者》（英文名稱The Gleaners，法文名稱LES GLANEUSES印在圖案下方），1857年以油彩繪於畫布，幅：85.5 x 111公分，現今珍藏於法國巴黎的羅浮博物館。

2 面值8F法郎圖案主題是西班牙名畫家「維拉斯奎茲」（DIEGO VELAZQUEZ，1599年～1660年）畫的《塞維爾的賣水人》。

《塞維爾的賣水人》（英文名稱The Waterseller of Seville，法文名稱LE PORTEUR D' EAU DE SEVILLE印在圖案下方）1623年以油彩繪於畫布，幅：106.7 x 81公分，現今珍藏於英國倫敦的威靈頓博物館。

PORTEUR「搬運水的人」即英文的water carrier，原意是搬運水的人。

3 面值25F法郎圖案主題是法蘭德斯（比利時之舊名）名畫家「凡·愛克」（JAN VAN EYCK，1381年～1442年）畫的《馬嘉麗特·凡·愛克》。

《馬嘉麗特·凡·愛克》（英文名稱Margareta van Eyck法文名稱MARGARITE VAN EYCK），1439年以油彩繪於畫板，幅：32,6 x 25,8公分，現今珍藏於比利時布魯格的格雷寧給博物館（Groeninge Museum, Bruges）。

④ 面值40F法郎圖案主題是荷蘭名畫家「林布朗」（REMBRANDT VAN RIJN生於1606年、卒於1669年）畫的《聖彼得不認基督》。

《聖彼得不認基督》（英文名稱St.Peter Denying Christ 法文名稱SAINT PIERRE RENIANT LE CHRIST）。1660以油彩繪於畫布，幅：154 x 169公分，現今珍藏於荷蘭阿姆斯特丹的皇家博物館（Rijksmuseum, Amsterdam）。

《聖彼得不認基督》係新約聖經中的故事，參見馬太福音第26章34節：「耶穌説：『我實在告訴你（彼得），今夜雞啼以前，你要三次不認我。』」69節：「彼得在院子裏坐著，有一個使女前來説，你素來也是同那加利利人耶穌一夥的。」70節：「彼得在眾人面前卻不承認，説：『我不知道你説的是甚麼。』」

⑤ 面值14F法郎圖案主題是法國名畫家「普辛」（NICOLAS POUSSIN，1594年～1665年）畫的《海神和女海神——安菲翠特的凱旋》（英文名稱 The Triumph of Neptune and Amphitrite法文名稱LE TROIMPHE DE NEPTUNE ET D'AMPHITRITE）。1634年以油彩繪於畫布，幅：114,5 x 146,6公分，現今珍藏於美國費城藝術。

《海神和女海神——安菲翠特的凱旋》英文名稱The Triumph of Neptune and Amphitrite法文名稱LE TROIMPHE DE NEPTUNE ET D'AMPHITRITE），1634年以油彩繪於畫布，幅：114.5 x 146.6公分，現今珍藏於美國費城藝術。

⑥ 面值18F法郎圖案主題是國西班牙名畫家「畢卡索」（PABLO PICASSO，1881年～1973年）畫的《站在球上的特技》。

《站在球上的特技》（英文名稱Acrobat Standing on a Ball 法文名稱ACROBATE A LA BOULE），1905年以油彩繪於畫布，現今珍藏於莫斯科的普希金美術博物館。

◆小全張內含兩枚郵票，面值25F、40F法郎，小全張圖案的

左下印法文　　　　　　　　　右下印英文

TERRE DES HOMMES　　　　　MAN AND HIS WORLD

EXPOSITION INTERNATIONALE　　　INTERNATIONAL

DES BEAUX-ARTS　　　　　FINE ARTS EXHIBITION

28 AVRIL · 27 OCTOBRE 1967　　28 APRIL · 27 OCTOBER 1967

法文之意為　　　　　　　　　英文之意為

「人類的地球」　　　　　　　「人和他的世界」

「國際的展覽」　　　　　　　「國際的」

「美術」　　　　　　　　　　「美術展覽」

「4月27日·10月27日1967年」　「4月27日·10月27日1967年」

　　　　　　　　　　　　　（即蒙特婁博覽會的展覽期間）

加彭共和國

位於中非的加彭共和國在1967年6月24日發行一款郵票，面值30 F法郎，圖案最下方印法文「EXPOSITION UNIVERSELLE ET INTERNATIONALE 1967 MONTREAL CANADA」即「1967年加拿大蒙特婁環球和國際博覽會」之意，圖案左上是參展國國旗、中右是加彭的熱帶樹木被砍下後編成木筏順河流漂浮、背景是熱帶樹木、右下是加彭地圖、中下是人頭面具。

中非共和國

中非共和國在1967年7月17日發行一款航空
郵票，面值100F法郎，圖案最下緣印法文
「EXPOSITION UNIVERSELLE ET INTERNATIONALE
1967 MONTREAL CANADA」即「1967年加拿大
蒙特婁環球和國際博覽會」之意、右下印法文
「POSTE AERIENNE」即「航空郵政」之意、主
題是博覽會場景。

尼日

位於西非的尼日共和國在1967年4月28日發行一
款航空郵資郵票，面值100F法郎，圖案左側至上
邊印法文「EXPOSITION CANADIENNE UNIVERSELLE
ET INTERNATIONALE MONTREAL 1967」即「1967年
蒙特婁加拿大環球和國際博覽會」之意、左下印
法文「POSTE AERIENNE」即「航空郵政」之意、
主題是博覽會場景。

達荷美共和國

位於西非的達荷美共和國（ 1975年國名改為Benin——貝寧）
在1967年6月12日發行一套郵票共三款，每款圖案下方印法文
「EXPOSITION UNIVERSELLE ET INTERNATIONALE 1967 MONTREAL
CANADA」即「1967年加拿大蒙特婁環球和國際博覽會」之意。

◆左圖：面值30 F法郎（POSTE郵政）圖案主題是「在城市的
人類」展示館。

◆右圖：面值70 F法郎（POSTE郵政）圖案主題是「新非洲」
展示館。

◆面值100 F法郎（POSTE
AÉRIENNE航空郵政）圖
案主題是「人類在太空」
展示館。

塞內加爾共和國

位於西非的塞內加爾共和國在1967年9月
2日發行一套郵票共兩款。

1 面值90F西非法郎圖案右上的紅色楓
葉是加拿大國旗中間的圖案、左上是
加拿大的白頭鷹木雕、白色中斜條印
「expo67」即「1967年博覽會」之意、左
下紅色樹木象徵塞內加爾、左下是塞內
加爾的羚羊木雕。

2 面值150F西非法郎圖案上方印
「expo67」即「1967年博覽會」之意、左
上是博覽會標誌、中央的紅色楓葉是加拿
大國旗中間的圖案、下方印參展國旗（第一面是塞內加爾國旗）。

摩納哥

摩納哥在1967年4月28日發行一款郵票，面值1.00
法郎圖案主題是摩納哥館，下方印「EXPOSITION
UNIVERSELLE DE MONTREAL 1967」即「1967年蒙
特婁環球博覽會」之意。

多哥共和國

位於西非的多哥共和國在1967年5月30日發行一套共七款，圖案呈菱形設計，每款上方印「1967年博覽會標誌」、左上緣印法文「EXPOSITION UNIVERSELLE ET INTERNATIONALE DU CANADA DE 1967」即「1967年加拿大環球及國際博覽會」之意。

◆面值5、60 F西非法郎主題是英國館（法文「PAVILLON DE LA GRANDE-BRETAGNE」印在右上緣）和百合花。

◆面值10、45 F西非法郎主題是法國館（法文「PAVILLON DE LA FRANCE」印在右上緣）和玫瑰花。

◆面值30、90 F西非法郎主題是在博覽會的非洲村（法文「VILLAGE AFRICAIN A L'EXPO」印在右上緣）和天堂鳥花。

◆面值105 F西非法郎主題是美國館（法文「PAVILLON DES ETATS UNIS」印在右上緣）和雛菊花。

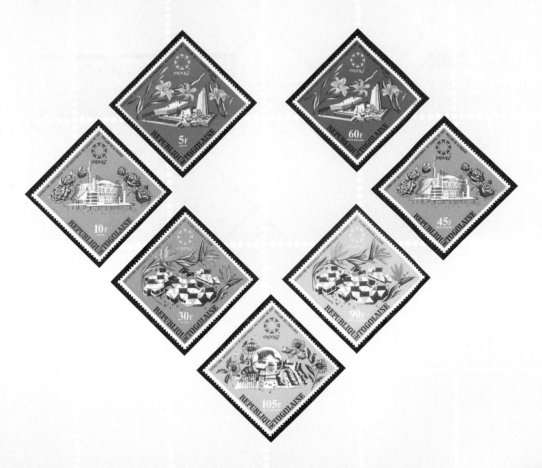

位於西非的多哥共和國在1967年12月為紀念博覽會安排的「多哥日」特別活動發行一套共七款，將上述一套加印黑字體法文「JOURNÉE NATIONALE」、「DU TOGO」、「29 SEPTEMBRE 1967」分別是「國家日」、「多哥」、「1967年9月29日」之意。

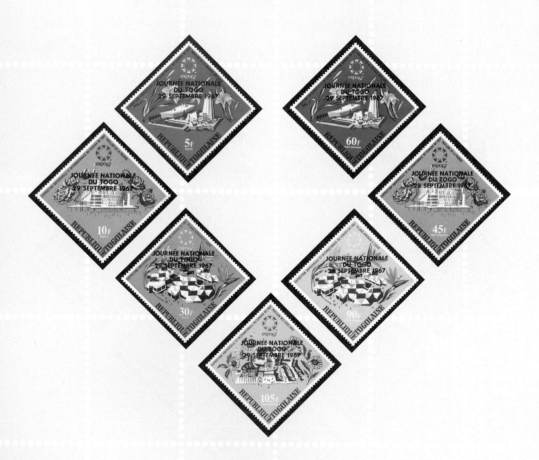

突尼西亞共和國

位於北非的突尼西亞共和國在1967年4月28日發行一套共五款。

◆面值100 M（1000Millimes＝1Dinar）和110 M：
左下印博覽會標誌，圖案中央有四個人類
活動的象徵，最中央印直和橫交叉的法文
「L’HOMME」（人類之意），下印「遮光
罩」表示「創作」、左印「麥穗」表示「生
產」、上印「顯微鏡」表示「研究」、右印
「住家」表示「城市」。背景則用漫畫筆調
描繪人類活動：左上是農夫操作收割機、右
上是從事建築、右下是從事設計創作、左下
是從事機器製造。

◆面值50 M：傑巴（DJERBA）地區的婦女穿
著傳統服裝。

◆面值75 M：軋貝斯（GABÈS）地區的婦女穿著傳統服裝。

◆面值155 M：突尼西亞的斐尼基粉紅火鶴，拉丁學名
「PHOENICOPTERUS RUBER ROSEUS」印在右下。

位於北非的突尼西亞共和國在1967年6月13日為配合博覽會
安排的「突尼西亞日」特別活動發行一套紀念郵票共四款，圖案左側印法文（JOURNEE DE LA
TUNISE）和阿拉伯文的突尼西亞日、左下印博覽會標誌「expo 67 MONTREAL」，主題是突尼西亞
展示館的內部。

◆面值65 M和面值120 M：右邊
是當時的突尼西亞總統布基巴
（Bouguiba該國國父）側面剪影和
突尼西亞地圖。

◆面值105 M和面值200 M：右邊
是當時的突尼西亞總統布基巴
（Bouguiba，該國國父）半身像。

羅馬尼亞

羅馬尼亞郵政在1967年11月28日發行一套共四款。

1 面值55BANI圖案是單軌鐵路列車正離開美國展示館。

2 面值1LEI圖案最中央是世界博覽會的標誌、外環是原子模型圖。

3 面值1.60LEI圖案中央是擊劍優勝講盃（紀念羅馬尼亞在蒙特婁舉辦的世界擊劍錦標賽獲得優勝）、外環是世界博覽會的標誌、襯底是世界地圖、右側印羅馬尼亞文「COMPIOANA MUNDIALA FLORETA」即「世界擊劍錦標賽」之意。

4 面值2LEI圖案是1967年世界博覽會標誌圍成一環。

捷克斯拉夫

位於中歐的捷克斯拉夫在1967年4月10日發行一套郵票共六款及一款小全張。

◆面值80h圖案主題是捷克畫家「特恩加」畫安徒生童話的「牧羊女和清掃煙囪工人」，右中印捷克文「SVĚT POHÁDEK」、法文「LE MONDE FEERIQUE」、英文「FAIRY TALES」即「童話」之意。

◆面值1kcs圖案主題是原子能發電廠的壓力導管剖面圖，右中印捷克文「TECHNICKÝ POKROK」、法文「LE PROGRES TECHNIQUE」、英文「TECHNICAL PROGRESS」即「技術進展」之意。

◆面值40h圖案主題是選自15世紀「利托梅里茨」（位於布拉格西北64公里處的古老城鎮）讚美詩歌本插圖畫的「宗教改革家–胡斯被焚殉道圖」，右中印捷克文「JENSKÝ KODEX」、法文「LE CODE DE IENA」、英文「CODEX OF JENA」即「耶拿古抄本」之意。

■「胡斯」（Jan Hus）生於1372年，捷克宗教思想家、哲學家、改革家，曾任布拉格查理大學校長。胡斯以獻身基督教會改革和捷克民族主義的大義而殉道留名於世，1414年被天主教會判決為異端，1415將將他以火刑處死。為了紀念「胡斯」殉道五百周年，1915年在布拉格舊城區的廣場中央建了一座紀念碑，就是當年「胡斯」被處刑活活燒死的原址。1999年，羅馬天主教宗若望·保祿二世（Pope John Paul II）對胡斯的酷刑正式公開道歉。

◆面值60h圖案主題是捷克藝術大師「盧比切克」的現代玻璃藝術創作（得到1958年布魯塞爾世界博覽會的大獎），右中印捷克文「SKLO」、法文「LE VERRE」、英文「GLASS」即「玻璃」之意。

◆面值1.20kcs圖案主題是捷克藝術大師「拉達」（Pravoslav Rada）的陶製塑像，右中印捷克文「KERAMIKA」、法文「L'ART CERAMIQUE」、英文「CERAMIC ART」即「陶藝」之意。

◆面值30h圖案主題是由14世紀波希米亞的宮廷藝術家「西奧多里可斯」（Theodoricus）的歌德藝術，右中印捷克文「GOTIKA」、法文「L'ART OGIVAL」、英文「GOTHIC ART」即「歌德藝術」之意。

◆小全張內含一枚郵票面值3kcs圖案主題蒙特婁的摩天大樓、右中印「蒙特婁博覽會標誌」、「expo 67 montreal」，小全張圖案中下方是捷克斯拉夫展示館，以及印捷克文「POHLED Z ESKOSLOVENSKÉHO PAVILÓNU MONTREAL」、法文「LE PANORAMA DE MONTREAL VU DU PAVILLON TCHECOSLOVAQUE」、英文「SKYLINE OF MONTREAL SEEN FROM THE CZECHOSLOVAK PAVILION」即「從捷克斯拉夫展示館看蒙特婁的摩天大樓」之意。

南斯拉夫

南斯拉夫在1967年6月26日發行一套共六款，並且紀念在南斯拉夫首都貝爾格勒（Belgrade）所舉行的國際太空航行聯盟第18界會議（1951年成立，設於巴黎的非政府組織）。圖案以當時美國、蘇聯和歐洲的太空飛行物主題，左上印1967年蒙特婁世界博覽會的標誌。

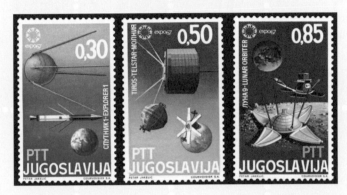

◆左圖：面值0.30 Dinar（第那）：上是蘇聯發射成為世界上第一顆進入地球軌道的人造衛星——「衛星一號」（俄文СПУТНИК-1音譯為史普特尼克），中是「探險者一號」（EXPLORER１），右下是地球的東半球顯示歐、亞、非三洲。

❗1957年10月24日史普特尼克一號在毫無預告之情況下成功發射，導致美國的極大恐慌，並造成所謂的「史普特尼克危機」，因此引起美蘇兩國之後持續20多年的太空競賽，成為冷戰期間中美蘇兩強的一個主要競爭項目。史普特尼克一號以96.28分環繞一周，任務持續期間共3個月，直到1958年1月4日返回大氣層時焚毀。

「探險者一號」是美國受到史普特尼克一號的刺激，在1958年2月1日發射成功的第一顆人造衛星，以114.8分環繞一周，至1958年5月23日失去電力，任務期間共111天，直到1970年3月31日掉落太平洋。

◆中圖：面值0.50 Dinar（第那）：由上至下是美國在1960年4月1日發射的世界第一顆氣象人造衛星「太羅斯一號」（TIROS I）、美國在1962年7月10日發射的世界第一顆通訊人造衛星「電傳星」（TELSTAR）、蘇聯在1965年8月23日發射成功的第一顆軍事通訊人造衛星「閃電」（МОЛНИЯ），右下是地球顯示歐、亞、非三洲。

❗TIROS 係Television Infrared Observation Satellites「電視紅外線觀測衛星」之簡寫，「太羅斯一號」以99分環繞一周，直到1960年6月15日電力系統故障，任務期間共78天（比預期少15天）。

TELSTAR雖然只運用到1963年2月21日，但根據美國太空觀測單位證實直到2008年6月還在軌道上運行。

◆右圖：面值0.85 Dinar（第那）：蘇聯在1966年1月31日發射、2月3日軟著陸於月球表面的「月球九號」（ЛУНА 9）探測器和月球軌道（LUNAR ORBITER）人造衛星，左上是地球顯示歐、亞、非三洲。2月7日，月球9號終於因為電力耗盡而結束了工作。它是世界上第一顆成功地軟著陸於月球的月球探測器。

◆左圖：面值1.20 Dinar（第那）：上是美國在1964年11月28日發射的「水手四號」（MARINER 4）探測器、下是蘇聯在1965年11月16日發射的「金星三號」（BEHEPA 3）探測器，左上是金星。

❗ 水手四號是一系列行星探測中的第四個，經過7個半月的飛行，1965年7月14日、7月15日飛越火星，成為第一個成功飛越火星的探測器，它傳回了第一張火星表面的照片，這張充滿了隕石坑穴、一片沉寂荒涼的照片，震驚了科學界。至1967年12月21日，才失去連絡。

「金星三號」在1966年3月1日撞到金星的表面，成為第一個著陸於外星球的太空飛行物。

◆中圖：面值3.00 Dinar（第那）：由上至下是蘇聯在1960年代發射的「東方號」（BOCTOK）太空飛行器（為了人類在太空飛行所準備），中右是美國在1964年至1966年的十次載人太空飛行計劃所使用的「雙子星」（GEMINI）飛行器（俗稱太空船）和中左在太空會合用的「阿根那」太空目標運輸器（AGENA，全名Agena target vehicle），左下是地球主要顯示亞洲。

◆右圖：面值5.00 Dinar（第那）：太空人在太空中漫步，右下是地球的西半球顯示南北美洲。

太空主題郵票

東方號

　　「東方號1K型」在1960年共發射六次無載人測試飛行，「東方號3KA型」自1961年3月9日至1963年6月16日共發射八次、其中六次是載人飛行，1961年4月12日「東方1號」首次載太空人「由里·軋軋林」（Yuri Gagarin，生於1934年3月9日，1968年3月27日死於試飛失事）繞地球一周飛行成功。1963年6月16日09時29分52秒蘇聯發射「東方6號」第一次載女太空人「瓦蓮緹娜·特蕾秀可娃」（Valentina Tereshkova）繞行地球48周成功，歷時2天22小時50分，1963年6月19日08時20分平安降落於一處農場，也結束了「東方號」太空任務。

◆馬爾地夫共和國在1974年2月1日發行一套太空專題郵票，其中面值3L、4L的圖案主題分別是蘇聯第一位太空人「軋軋林」、第一位女太空人「特蕾秀可娃」（圖左是「東方1號」）。

◆蘇聯在1961年4月13日發行一款郵票，紀念1961年4月12日「東方一號」第一次載太空人「軋軋林」飛行成功，面值3K，中心圖案是「軋軋林」肖像，左邊是「東方1號」，右邊是「軋軋林」獲頒的勳章。

◆蘇聯在1963年7月19日發行一款郵票，紀念1963年6月16日「東方6號」第一次載女太空人「特蕾秀可娃」飛行成功，面值10K，中心圖案是「特蕾秀可娃」肖像，左上印飛行中的「東方6號」。

◆蘇聯在1963年6月22日發行一款郵票，紀念1963年6月16日「東方六號」第一次載女太空人「特蕾秀可娃」飛行成功，面值6K，圖案右方是「特蕾秀可娃」肖像，背景印一朵慶賀的康乃馨及飛行中的「東方6號」。

黎明2號

　　蘇聯在1965年3月18日發射載兩名太空人的「黎明2號」（英文音譯Voskhod 2 俄文ВОСХОД-2），分別是貝利亞也夫（Pavel Belyayev生於1925年、1970年死於腹膜炎）和雷奧諾夫（Alexei Leonov生於1934年、1991年退休，如今健在），雷奧諾夫的艙外活動在1965年3月18日8時34分51秒開始，進行12分9秒的太空漫步，在8時47分00秒結束，成為世界上第一位在太空漫步的太空人，「黎明2號」共繞行軌道17回，並創下離地面475公里的飛行紀錄，共繞行軌道17回，在1965年3月19日9時02分17秒返回地面，任務共費時1天2小時2分17秒。雷奧諾夫的首次太空漫步，對蘇聯執政當局而言似乎又扳回面子。

◆蘇聯在1965年3月23日發行一款郵票，紀念「黎明2號」繞行成功，面值10K，圖案主題是貝利亞也夫在艙內操控「黎明2號」，雷奧諾夫做太空漫步、手持錄影機拍攝。

◆蘇聯在1965年5月23日發行一款郵票，紀念「黎明2號」繞行成功，共兩款，面值皆為6K，圖案主題是穿太空裝的雷奧諾夫（左）和貝利亞也夫（右）。

◆羅馬尼亞郵政在1965年8月25日發行一套太空專題郵票，其中面值1.75LEI的圖案主題是「黎明2號」，上方印太空人雷奧諾夫離開「黎明2號」在太空漫步，左下是雷奧諾夫、右下是貝利亞也夫。

雙子星

　　「雙子星」（Gemini）係因一個飛行器可載兩名太空人而取名，美國在1964年4月8日首次發射無載人的「雙子星1號」，繞行軌道64回，任務共費時3日23小時。1965年3日23日發射首次載兩名太空人的「雙子星3號」（GEMINI 3），繞行軌道3回，任務所需時間4小時52分31秒，操控的太空人是格里森（VirgilI. Grissom）和楊格（John Watts Young）。

◆羅馬尼亞郵政（POSTA ROMAINA）在1965年8月25日發行一套太空專題郵票，其中面值3.20LEI的主題是「雙子星3號」，上方印「雙子星3號」在軌道繞行，下方印兩名太空人在太空艙內操控。

1970
大阪萬國博覽會

英文：Expo'70
主題：人類的進步和調和
地點：日本大阪府吹田市的千里丘陵，由著名建築家丹下健三設計。
展期：1970年3月15日至9月13日，為期183日。
總面積：佔地約350公頃
參加國：76國
參觀人數：64,218,770人

　　最初的舉辦萬國博覽會提案是在1877年由當時的農商務大臣「西鄉從道」提出。

　　1905年10月14日日俄兩國政府批准和談條約，日俄戰爭正式結束，日本進入世界列強之列，日本執政當局希望藉著舉辦世界性的博覽會來展示國力。大約在1907年招募美國的專家參與規劃，檢討在五年後舉辦萬國博覽會的計畫，但由於在1914年時，歐洲爆發了第一次世界大戰，計畫工作被破停止。

　　1928年，35個國家的代表在巴黎集會，締結了國際博覽會條約，日本也參與加盟。大約在1930年日本政府開始進行皇紀2600年記念（即日本神武天皇即位紀元2600周年）大事業，決定在1940年於東京舉辦日本萬國博覽會。當時的主題是「東西文化的融合」，預定興建50間國家展示館。可是又因1937年，爆發中日戰爭，於是在1938年確定中止舉辦的計畫工作。

日本在1964年舉辦東京奧運會成功之後，日本各界要求舉辦萬國博覽會的言論聲浪高漲，最後終於在1965年，日本才得以如願向位於巴黎的國際展覽局（BIE）申請加盟。日本政府決定將會場設在大

阪的千里丘陵，向在巴黎的國際展覽局提出舉辦申請書，通過決議由日本主辦。

> 註 日本舉辦的大阪萬國博覽會成為第二次世界大戰結束後的第三次博覽會，戰後的第一次是1958年的布魯塞爾世界博覽會，第二次是1967年蒙特婁世界博覽會。

1970年大阪萬國博覽會是亞洲第一個世博會，總計入場者多達64,218,770，為史上參加世博人數最多的一場，總計入場券收入約350億日圓，可說是十分的可觀。

參加單位外國展示館有76個國家、4個國際機關、7個省州地區、3個都市、2個外國企業；日本本國展示館有日本政府1個、公共團體‧公社3個、民間企業團體28個，合計124個單位。而當時領土只有台、澎、金馬的中華民國，也以正式國名參加，其中國館的設築則由貝聿銘所設計。

其中值得特別注意的是本國展示館所展出的汽車館、鋼鐵館顯示出此時人們的生活水準進步及各建設的發展；而內衣館的展出則顯示出，當代女性意識的抬頭，女性對於自身的重視已逐漸台面化。

參加大阪世博的外國展示館

1.加拿大館 2.大韓民國館 3.美國館 4.中華民國（台灣）館 5.荷蘭館

6.蘇聯館 7.比利時館 8.德國館 9.瑞士館 10.紐西蘭館

11.澳洲館 12.法國館 13.保加利亞館 14.科威特館 15.英國館

16.古巴館 17.R.C.D.館（巴基斯坦、伊朗、土耳其）18.葡萄牙館 19.泰國館

20.菲律賓館 21.阿爾及利亞館 22.墨西哥館

23.斯堪地那維亞館（包括北歐的丹麥、挪威、瑞典、芬蘭、冰島）

24.衣索比亞館 25.緬甸館

26.希臘館 27.沙烏地・阿拉伯館 28.傑克斯拉夫館 29.錫蘭館 30.象牙海岸館

31.印尼館 32.新加坡館 33.印度館 34.智利館 35.哥倫比亞館

36.義大利館 37.阿根廷館 38.巴西館 39.阿布・達比館 40.馬來西亞館

41.國際共同館第1A（包括坦桑尼亞、讓比亞、迦那、烏干達、加彭、馬拉加西、中非共和國、獅子山）第1B：奈及利亞

42.國際共同館第2A（包括巴拿馬、委內瑞拉、祕魯、烏拉圭）

第2B（包括摩納哥、厄瓜多爾、塞普路斯、多米尼加、馬爾他、薩爾瓦多、哥斯大黎加、模里西斯、尼加拉瓜）

43.國際共同館第3（包括尼泊爾、阿富汗、柬埔寨、寮國）

44.國際共同館第4（包括阿拉伯聯合〔埃及、敘利亞〕、愛爾蘭、越南）

45.聯合國館（和亞洲開發銀行共同）46. OECD「經濟合作和發展組織」館

47. EC「歐洲共同體」館 48.香港館 49.加拿大的魁北克省館

50.加拿大的不列顛哥倫比亞省館 51.加拿大的安大略館 52.美國的華盛頓州館

53.美國的夏威夷州館 54.美國的舊金山市館 55.德國的慕尼黑市館

56.伊斯特曼・柯達館 57. 美國園館（美國的阿拉斯加州和其他州市）

世博明信片寫真

◆加拿大展示館

加拿大展示館的5個七色傘柱。

◆澳洲展示館

◆古河展示館

外形模仿位於古都奈良的東大寺（建於8世紀）七重塔，內部展示當時最新的電腦科技。

◆在太陽之塔前的象徵區飄揚著參展的國旗及州、省旗

第1排由左至右的地區旗是加拿大的不列顛哥倫比亞省（British Columbia）、魁北克省（Quebec）、香港（在英國統治時期）。

◆瑞士展示館

由32000個電燈泡組成的光之樹，高21公尺、寬55公尺，以鋁製金屬版做為反光版，象徵白雪覆蓋在阿爾卑斯山上的樹。

◆太陽之塔

位於萬國博覽會會場中央的主題館內，成為
萬國博覽會的中心地標。中間胴體的白色臉
部（表示現在）、上端的黃金臉部（表示未
來）、黃金臉部的眼睛、胴體背面描繪藍色的
臉（表示過去），所以太陽之塔有三張臉。

◆生命之樹

位於太陽之塔內部，高45公尺，它的展示意義
在於對未來延續生命的強力表現，以樹枝上的
300件生物模型，來說明自單細胞生物發展至
人類誕生的演變過程。

◆在松下館的時光封罐

將當時特選的2068項物品放入用特殊鋼製成的
封罐容器，萬國博覽會閉幕後在大阪城公園埋
了相同的兩個。

◆美國展示館展出的月球岩石

由美國太空船「太陽神11號」（Apollo 11）自
月球帶回來的約46億年前岩石。

◆祭典廣場

日本的女學童穿傳統和服圍成五環,在祭典廣場做舞蹈表演,圖右是太陽之塔。

◆鳥瞰萬國博覽會

從西北上空鳥瞰萬國博覽會的會場,圖左下的白色尖塔是蘇聯展示館、右下是英國展示館。

◆鳥瞰萬國博覽會

前排建物由右下至左下依序是松下館、住友童話館、汽車館、其旁是新加坡館。

◆夜色中的法國展示館

法國展示館由四個圓頂組成,外殼有1500個閃光燈,圖中的太陽之塔發出聚光。

◆瑞士展示館夜景

◆鳥瞰萬國博覽會

從南方上空鳥瞰萬國博覽會的會場,下邊是大阪中央環狀線道路。

◆鳥瞰萬國博覽會

從東方上空鳥瞰萬國博覽會的會場，手前方的5個櫻花瓣型白色建物就是日本政府展示館。

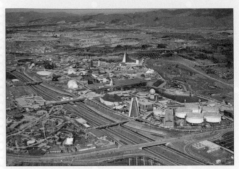

◆鳥瞰萬國博覽會

從東方上空鳥瞰萬國博覽會的會場，左下方是萬國博覽會的遊樂園。

◆展示區的西部

左下的氣泡狀橢圓頂建物是美國展示館，中下是的吊鉤狀建物是澳洲展示館。

◆會場北口附近

圖中是蘇聯館，左下的三角形建物是哥倫比亞館，三角錐狀建物是保加利亞館。

◆展示區的中西部

從電力館上向北眺望的景色，圖中的七重寶塔是古河展示館。

▲萬國博覽會的主題塔

太陽之塔在白天吸收太陽光加以儲存、在夜間轉換能量發出聚光，象徵人類無窮的生命力。

◆阿波舞蹈

日本最有人氣的民俗舞蹈，大約在400年前源起於德島地方。

◆日本政府展示館夜景

日本政府展示館的佔地面積37,791平方公尺，約為日本實際領土面積的一百萬分之一。

◆萬國博覽會塔之夜景

圖中上是萬國博覽會塔，左邊是理光展示館的氣球，前方是夢之池，左邊是太陽之塔。

◆松下館

仿天平年間（公元729～767年）的古日本建築，館旁及水池圍著竹子。

◆蘇聯展示館

外國館規模最大、最高的一個，塔尖是鐵鎚和鐮刀，內部展示則宣揚社會主義國家的發展。

看郵票遊世博

日本在1969年3月15日發行一套附捐郵票共兩款，附捐在日文稱為寄附金，目的在於協助籌募大阪萬國博覽會的準備營運資金。

1

2

1 面值15(+5)圓，就是購買時得付20圓，其中15圓是郵資、5圓是寄附金，圖案是地球及萬國博覽會的櫻花標誌。

發行量：1500萬枚。

2 面值50(+10)圓，就是購買時得付60圓，其中50圓是郵資、10圓是寄附金，圖案是京都府智積院的障壁畫「櫻圖」。

發行量：750萬枚。

日本在1970年3月14日發行第一次「**日本万国博覧会記念**」郵票共三款及第一次「**日本万国博覧会記念**」小型張。

1 面值15圓圖案是顯示東亞和澳洲的地球和下方陪襯盛開的櫻花飾環。（註：大阪櫻花季約在3月中開始）

郵票發行量：3500萬枚。

2 面值50圓圖案是尾形光琳（1658年～1716年）畫的燕子花圖。

郵票發行量：2000萬枚。

3 面值7圓圖案是萬國博覽會會場上空的煙火表演。

郵票發行量：3500萬枚。

1 2 3

◆「日本万国博覧会記念」郵票首日封。

◆「日本万国博覧会記念」郵票首日封。

◆第一次「日本万国博覧會記念」小型張的外套紙表面（右下印「賣價80圓」）。

小型張發行量：800萬枚

◆第一次「日本万国博覧会記念」小型張的外套紙內面説明如上。

日本在1970年6月15日發行第二次「**日本万国博覧会記念**」郵票共三款，在1970年6月29日發行第二次「**日本万国博覧会記念**」小型張。

◆面值15圓圖案是萬國博覽會展示館輪廓圖。

郵票發行量：3500萬枚。

◆面值50圓圖案是酒井抱一(1761年～1828年)畫的夏秋草圖。

郵票發行量：2000萬枚。

◆面值7圓圖案是秋田（位於本州的西北）民俗表演的竿燈和展示館。

郵票發行量：3500萬枚。

◆第二次「**日本万国博覧会記念**」小型張的外套紙表面（右下印「賣價80圓」）。

小型張發行量：1000萬枚。

◆第二次「**日本万国博覧会記念**」小型張的外套紙內面説明如上。

台灣

日本萬國博覽會係首次在亞洲舉辦的世界性博覽會，我國應邀參展，在會場建造一座展示館，由兩個高聳三角形柱體構成，由貝聿銘設計，位於主題館之西、火曜日（星期二）廣場之東，我國館的宣示主題為「中國的傳統和進步」。我國在開幕前兩天1970年3月13日發行一套紀念郵票共兩款，委由日本大藏省（相當我國的財政部）印刷局以影寫版印製。

1 面值5.00圓的圖案左方為我國展示館、右方陽光照耀象徵「進步、和諧」。

2 面值8.00圓的圖案主題為我國展示館環繞著參展各國的國旗、寓意國際合作和協調。

南韓

南韓（南韓自稱大韓民國，英文國名為Republic of Korea，Korea其實是高麗的譯音）在1970年3月15日發行一款郵票，面值10圓，圖案由左至右是「漢城國立博物館收藏的彌勒菩薩像」、「博覽會櫻花標誌」、「南韓展示館」。

聯合國

聯合國（United Nations）在1970年3月13日發行兩款郵票，圖案主題相同，選用1952年在日本鑄造、1954年6月8日由日本國際連合協會送給聯合國的和平鐘，底部直徑0.6公尺、高1公尺，和平鐘是將65個國家的小朋友所捐出的硬幣溶化後再鑄造而成，原本安置於紐約的聯合國總部庭院，展覽期間放在聯合國展示館。

1 面值6分的圖案左上印英文的和平鐘「PEACE BELL」。

2 面值25分的圖案左上印法文的和平鐘「LA CLOCHE DE LA PAIX」。

蒙古

蒙古（Mongolia）在1970年6月5日發行一款郵票，面值1.50Tugrik，圖案主題是住友童話館（漢字印在左側）、英文館名「SUMITOMO FAIRY TALE PAVILION」印在左上、萬國博覽會的櫻花標誌印在右上。

蒙古在1970年5月26日發行一款小全張，內含一枚郵票面值4Tugrik，圖案主題是松下館、左下是時光封罐，小全張圖案左上印「博覽會櫻花標誌」、右下印太陽之塔和背後的蘇聯館。

寮國

寮國（獨立前為法國殖民地，外文國名用法文Royaume du Laos老撾王國之意）在1970年7月7日發行一套郵票共三款，每款圖案左上印萬國博覽會櫻花標誌，中心主題是宣傳寮國的絲織產業。

◆面值30K圖案主題是婦女在織絲布。

◆面值70K圖案主題是婦女在捲絲線。

◆面值125K圖案主題是婦女將蠶繭煮沸後即時抽成生絲線。

香港

香港（Hong Kong）在1970年3月14日發行一套郵票共兩款。

❗ Junk一詞由來有幾種說法，但是比較被接受的說法是戎克船源自福建泉州，泉州話稱划船為「篙船」（kó-chûn），因為15、16世紀的西班牙和葡萄牙航海者最初在現今馬來西亞的檳榔城看到來自福建附有船槳的帆船，將「kó-chûn」演變為「chûn kó」（chûn在拉丁語以jun標記；kó成為形容詞，在拉丁語以co標記）而拼為「Junco」，英語轉拼為「Junk」，音譯成戎克船。

1️⃣ 面值15C、壹角伍分圖案主題是香港的1970年萬國博委員會標誌。

2️⃣ 面值25C、貳角伍分圖案主題是香港展示館，它的最大特徵是採用中國的戎克船（Junk）風帆豎立在屋頂。因為香港在1842年起被英國統治時，港灣內有很多的中大型帆船，英國人稱為Junk，即「戎克船」，以後戎克船成為香港的旅遊標誌。

新加坡

新加坡（Singapore）在1970年3月15日發行一套郵票共四款，每款最上緣印「OSAKA EXPO 70」即「大阪1970年博覽會」之意。

1️⃣ 面值15C分圖案主題是海中貝類。

2️⃣ 面值30C分圖案主題是熱帶魚。

3️⃣ 面值75C分圖案左是於保育鳥類的盔角犀鳥（亦稱為鶴頂鳥，英文名稱Helmeted Hornbill）、右是紅鶴（亦稱為火鶴，英文名稱Flamingo）

4️⃣ 面值＄1圓圖案主題是蘭花。

印尼

印度尼西亞共和國（即印尼，Republic Indonesia）在1970年2月15日發行一套郵票共三款。

◆面值5盧比亞（RUPIAH華僑稱為盾）圖案主題是印尼展示館、左上印神鳥標誌。

◆面值15盧比亞圖案主題是印尼的萬國博委員會標誌——神話中的大鳥「金翅大鵬」。

◆面值30盧比亞圖案主題是印尼展示館、左上印神鳥標誌。

澳洲

澳洲（Australia）在1970年3月16日發行一套郵票共兩款。

1 面值5C分圖案主題是澳洲展示館、右上是太陽，建築造型構想取自日本浮世繪大師葛飾北齋名作《富嶽三十六景》版畫中「神奈川沖浪裏」，象徵海浪的天鉤（sky hook）懸吊著260噸重的圓形頂蓋，下面是一座可以容納兩千人的電影戲院。該館宣示的主題是「澳洲對人類進步和調和的貢獻」，介紹澳洲的產業和人民的生活狀況。

! 日本在1963年10月6日發行一款國際文通週間郵票，面值40圓，圖案選用日本名畫家葛飾北齋(1760～1849)的著名浮世繪版畫「富嶽三十六景」之「神奈川沖浪裏」（1831年前後繪），此畫曾做為法國著名作曲家德布西的管絃樂傑作《海》總譜的封面。此畫令觀者彷彿置身小舟隨波起伏，仰望浪頭、遠眺富士山，波濤中載浮載沈的小舟，就是當時房總地區（現在的千葉縣）用來運送新鮮魚貨的運輸船。

2 面值20C分圖案左方是出現在澳洲及南太平洋上空的南十字星（Southern Cross，澳洲國旗圖案的右方就是南十字星）、右方是將日本萬國博覽會主題歌「世界の国からこんにちは」〔來自世界之國、今日好〈你好〉〕歌名改為「南のくにから 今日は」〔來自南方之國、今日好〈你好〉〕表示澳洲來自南方之國向大家請安問好。

紐西蘭

紐西蘭（New Zealand）在1970年4月8日發行一套郵票共三款，每款圖案上方印博覽會櫻花標誌，圖案下方印英文「New Zealand expo'70」和日文**「日本万国博」**即「紐西蘭 1970年日本萬國博覽會」之意。

◆面值7C分主題是蓋色餐館。　◆面值8C分圖案主題是紐西蘭展示館，該館宣示的主題是「紐西蘭和紐西蘭人」。　◆面值18C分圖案主題是草叢步道。

模里西斯

位於印度洋的模里西斯（Mauritius）在1970年4月7日發行一套郵票共兩款。

將1969年發行的一套海洋生物專題郵票中選出面值60cents分和R1（Rupee盧比，100cents＝Rupee 1）的兩款加蓋「EXPO'70 OSAKA」（1970年大阪博覽會）。

面值60cents分圖案主題是「藍旗魚又稱為藍馬林魚」（BLUE MARLIN）。

面值1 Rupee圖案主題是「鯕鰍」（DOLPHIN Dorade）俗稱「飛烏虎、鬼頭刀」。

伊朗

伊朗（Iran）在1970年3月27日發行一套郵票共兩款，圖案相同，中間印伊朗的萬國博協會標誌，下方印「博覽會櫻花標誌」和「IRAN IN EXPO'70」表示「伊朗參加1970年博覽會」，面值分別是4R和10R（RIAL里亞），伊朗在「RCD」展示館的宣示主題是「經過2500年的人類關係」。

馬爾地夫

馬爾地夫共和國（Republic of Maldives，位於印度洋的島國）在1970年8月10日發行一套郵票共六款，每款圖案上方印「EXPO'70」及萬國博覽會櫻花標誌，圖案主題是六產業大國展示館。

1 面值2L圖案主題是澳洲展示館（Australian Pavilion）。

2 面值3L圖案主題是德意志聯邦共和國（當時簡稱為西德）展示館（West German Pavilion），包含一座圓頂劇場和地下展示廳，旁邊種植花草，所以稱為「音樂的花園」館。

3 面值10L圖案主題是美國展示館，以平坦的氣泡式大橢圓頂，寓意國土廣闊。

4 面值25L圖案主題是英國展示館，以四對長柱象徵煙囪，寓意英國為產業革命的發源國。

5 面值50L圖案主題是蘇聯展示館，以尖角錐形塔，寓意高科技的突飛猛進。

6 面值1R圖案主題是日本政府展示館，5個圓形建築體組成櫻花圖案，而櫻花是日本的國花，所以成為象徵日本的立體外觀。

土耳其

土耳其（Turkey）在1970年3月27日發行一套郵票共兩款。

1 面值50 KURUS圖案主題是土耳其參加萬國博覽會所使用的標誌。

2 面值100 KURUS圖案中上是萬國博覽會的櫻花標誌、主題是「RCD」展示館的土耳其館，土耳其館的宣示主題是「豐富的土耳其歷史和新的土耳其人」。

1　　**2**

土耳其：「區域合作計畫條約」郵票

土耳其在1969年7月21日發行一套「區域合作計畫條約」（RCD）簽定五周年（1964～1969）紀念郵票共三款，每一款圖案主題選自代表簽約國的古畫。

◆面值50 KURUS圖案主題是土耳其蘇丹（Sultan，回教國家的元首）蘇萊曼（Suleiman，1494年～1566年）接見阿布杜·拉提夫酋長（Sheik Abdul Latif）古畫。

◆面值80 KURUS圖案主題是伊朗沙發威（Safavi，1501年～1736年，統治伊朗的回教王朝）朝代的精細畫「婦女捧盃圖」。

◆面值130 KURUS圖案主題是莫兀兒帝國（Mogul，1526年至1857年統治現今巴基斯坦和印度的回教帝國）時期的精細畫「婦女在陽台圖」。

巴基斯坦

巴基斯坦（Pakistan）在1970年3月15日發行一款郵票，面值50PAISA，圖案外框上方由右至左是巴基斯坦、伊朗、土耳其國旗，圖案右上印「INAUGURATION EXPO–70 OSAKA」（1970年大阪博覽會開幕）及「博覽會櫻花標誌」、左上是「太陽之塔」、下方是「博覽會遊樂園」（EXPO LAND）。

❗ 巴基斯坦、伊朗、土耳其三國是位於西亞的回教國家，在1964年簽定「區域合作計畫條約」（Regional Cooperation for Development Pact），所以在大阪博覽會三國以「RCD」名稱成立共同展示館，巴基斯坦在「RCD」展示館的宣示主題是「連結中東和遠東的巴基斯坦古代文明」。在「RCD」展示館旁有個屋外劇場，表演傳統舞蹈和音樂。

科摩羅

位於東非外海的科摩羅群島在1970年9月13日發行一套航空郵票共兩款，圖案最下緣印「EXPOSITION UNIVERSELLE OSAKA 1970」即「1970年大阪萬國博覽會」之意。

❶ 面值60 F法郎圖案左上是彎月包圍太陽之塔、中印萬國博覽會的櫻花標誌，右下是地球、彎月和地球之間的S形帶內印幾座指標性的展示館，由左至右：如古河館、寶美化館、澳洲館、蘇聯館等。

❷ 面值90 F法郎圖案上方印日本地圖、當中印萬國博覽會的櫻花標誌之處就是大阪，下是選自浮世繪中的日本藝者。

1   **2**

馬利共和國

位於西非的馬利共和國（法文國名REPUBLIQUE DU MALI）在1970年4月10日發行一套郵票共兩款，圖案下緣印「EXPOSITION UNIVERSELLE OSAKA 1970」即「1970年大阪萬國博覽會」之意。

❶ 面值100 F法郎圖案左邊是馬利婦女、右邊是日本婦女、背景是大阪港灣的高樓

❷ 面值150 F法郎圖案左邊是馬利國旗和地圖（標示BAMAKO該國首都巴馬科的位置）、右邊是日本國旗和地圖（標示OSAKA大阪的位置）。

阿布達比

位於中東的阿布達比（Abu Dhabi）在1970年7月10日發行一套郵票共三款，每款圖案相同主題是林武在1970年繪作的「朝霧富士」油畫、左方是阿布達比邦首長Sheikh Zayed bin Sultan Al Nahyan（1918年～2004年）肖像，面值分是25、35、60 FILS。

❗ 林武是日本著名畫家，生於1896年、卒於1975年，1952年就任東京藝術大學美術學部教授，1967年榮獲日本政府的文化勳章。

而阿布達比在1971年和其他5個酋長邦組成阿拉伯聯合酋長國（United Arab Emirates），由於在1966年發現石油，而阿布達比是其中最大的一邦，石油蘊藏量佔其中的90%以上，所以阿布達比首長Sheikh Zayed bin Sultan Al Nahyan自成立聯邦起就出任阿拉伯聯合酋長國的總統，直到2004年去世為止，在位長達30年。

法國領地阿法和以薩

位於東北非的法國領地阿法和以薩（法文地名TERRITOIRE FRANÇAIS DES AFARS ET DES ISSAS在1977年獨立改名Republic of Djibouti——吉布地共和國）在1970年4月10日發行一套郵票共兩款，圖案左上印萬國博覽會櫻花標誌，主題「刀の鍔（つば）」之下印「OSAKA - EXPO' 70」即「1970年大阪博覽會」之意。

◆左圖：面值100 F法郎圖案主題是「雙魚」刻紋的日本刀柄護拳鐵環。

◆右圖：面值200 F法郎圖案主題是「馬」刻紋的日本刀柄護拳鐵環。

本套郵票最大特色是使用金箔片材質，成為「1970年大阪萬國博覽會」專題郵票中最搶眼和最特殊的一套。

註 「刀の鍔（つば）」指刀柄和刀身連接處的護拳鐵環。

盧安達

位於中非內陸的盧安達共和國（法文國名REPUBLIQUE RWANDAISE）在1970年8月24日發行一套共八款，每款圖案左上印「1970年萬國博覽會櫻花標誌」。

1 面值20 C分圖案左半是「生花」（即插花之意）、右半是花鳥圖。

2 面值30 C分圖案左半是日本神宮的「鳥居」、右半是安田靭彥的「椿つばき」（山茶花）。

3 面值50 C分圖案左半是日本的「能」樂、右半是堅山南風畫的「婦人彈三味線」。

4 面值1 F法郎圖案左半是萬國博覽會的地標「太陽之塔」、右半是「武者繪」（武將騎馬）。

5 面值3 F法郎圖案左半是松下館、右半是佛像畫。

6 面值5 F法郎圖案左半是古河館、右半是山川秀峰畫的「三番叟」（在日本古典藝能舞蹈中象徵農民）。

7 面值20F法郎圖案左半是彩繪成的「祭」（日語拼音OMATSURI）字、右半是小堀鞆音畫的「東京御着輦」（描繪明治天皇在1868年坐在輦上進入東京皇宮時經過二重橋）。

8 面值70 F法郎圖案左半是「萬國博覽會櫻花標誌」、右半是「武者繪」（武將騎馬過河）。

加彭共和國

位於中非的加彭共和國（法文國名REPUBLIQUE GABONAISE）在1970年5月27日發行一款郵票，面值30 F法郎，圖案左上印日本國旗及日本郵便、左面是日本藝者彈三味線、中上印「OSAKA EXPO 70」（1970年大阪博覽會）、右面是加彭人在拍鼓、右下印加彭國旗。

蒲隆地共和國

位於中非內陸的蒲隆地共和國（法文國名REPUBLIQUE DU BURUNDI）在1970年5月5日發行一套共七款及一款小全張，每款圖案中下印「萬國博覽會櫻花標誌」及「EXPO 70 OSAKA JAPON」即「1970年博覽會·大阪·日本」之意。

1 面值14F法郎圖案主題是寶生寺的五重塔，位於奈良縣宇陀市，建於奈良時代末期的寶龜年間（770年～781年），高16.1公尺。

2 面值40F法郎圖案主題「太陽之塔」。

3 面值50F法郎圖案主題參展國的國旗，前排由右至左依序為：法國、蒲隆地、泰國、巴西、英國、日本、土耳其。

4 面值4F法郎圖案主題是扛神轎（御輿 おみこし）遊行。

5 面值6.50F法郎圖案主題是萬國博覽會會場全景鳥瞰圖。

6 面值7F法郎圖案主題是非洲展示館模型設計圖（無此實物）。

7 面值26F法郎圖案主題是「經濟合作和發展組織」（OECD）展示館。

⑧ 小全張內含兩枚航空郵票（POSTE AERIENNE印在圖案右下），面值40F、50F法郎，小全張圖案的左邊是室生寺的五重塔。

上伏塔共和國

上伏塔共和國（法文國名REPUBLIQUE DE HAUTE-VOLTA，1984年8月4日改名Burkina Faso）在1970年8月7日發行一套航空郵票共兩款。

① 面值50 F法郎圖案主題是白鶴翱翔圖，右上是萬國博覽會的懸臂式單軌電車，左上印萬國博覽會櫻花標誌。

② 面值150 F法郎主題是浮世繪的婦女梳洗圖，左上是「人造衛星」、「發射太空船火箭」及「太空船彈出降落傘返回地球」右上印萬國博覽會櫻花標誌。

① ②

喀麥隆共和國

位於中非的喀麥隆共和國（Federal Republic Cameroon）在1970年8月1日發行一套航空郵票共三款。

① ② ③

① 面值50 F法郎圖案右上是博覽會的櫻花標誌、主題是日本政府展示館。

② 面值150 F法郎圖案左上是博覽會的櫻花標誌、主題是澳洲展示館。

③ 面值100 F法郎圖案中上是博覽會的櫻花標誌、主題是日本地圖標示OSAKA大阪和TOKYO東京。

中非共和國

中非共和國（法文國名REPUBLIQUE CENTRAFRICAINE）
在1970年12月18日發行一款航空郵票，面值200 F法郎，
圖案主題是中非共和國展示館、左上是中非共和國的
國旗、右上是萬國博覽會的櫻花圖案會旗、最下緣印
「EXPOSITION UNIVERSELLE」即「博覽會」之意。

尼日共和國

位於西非的尼日共和國（法文國名REPUBLIQUE DU
NIGER）在1967年3月25日發行一款航空郵資郵票，面值
100F法郎，圖案右上印法文「POSTE AERIENNE」即「航
空郵政」之意、最下印法文「EXPOSITION UNIVERSELLE
OSAKA 1970」即「1970年大阪萬國博覽會」之意，主題是
尼日鄉村的茅草屋、背景是日本形式的寺院和寶塔。

尼日在1967年9月16日還發行兩款航空郵資（法文「POSTE AERIENNE」於圖案右下）郵票。

◆面值100 F法郎圖案右上印萬國博覽會
櫻花標誌，左半部取自日本浮世繪中的
藝者、背景是神社的鳥居，右半部是博
覽會場的夜景。

◆面值150 F法郎圖案左上印萬國博覽會櫻
花標誌，右半部取自日本能劇中的忍者，
左半部是博覽會場的夜景。

查得共和國

位於中非的查得共和國（法文
國名REPUBLIQUE DU TCHAD）
在1970年6月30日發行一套航空
郵票共三款。

1 面值50 F法郎圖案右上是萬
國博覽會的櫻花標誌、主題是
歌舞伎武士演員造型

2 面值100 F法郎圖案左上是萬
國博覽會的櫻花標誌、主題是
太陽之塔。

3 面值125 F法郎圖案左上是萬國博覽會的櫻花標誌、主題是歌舞伎武士演員造型。

查得另外還發行一套三款聯刷郵票。

1 面值2 F法郎圖案主題是十一世紀日本平安朝的婦人圖。

2 面值0.50 F法郎圖案主題是十八世紀日本浮世繪大師鳥居清長繪製的「美人畫」。

3 面值1 F法郎圖案主題是十八世紀日本日本浮世繪大師歌麻呂繪製的「婦人相學十躰」中的
「浮氣之相」，作品在寬政2～3年（1790年～1791年）發表。

達荷美共和國

位於西非的達荷美共和國（法文國名REPUBLIQUE DU DAHOMEY，1975年國名改為Benin貝寧）在1970年6月15日發行一套郵票共三款，圖案印「EXPOSITION UNIVERSELLE OSAKA 1970」即「1970年大阪萬國博覽會」之意。

1 面值5 F法郎圖案右上印萬國博覽會的櫻花標誌及「POSTE」即「郵政」之意、右側印「EXPOSITION OSAKA 1970」即「1970年大阪博覽會」之意、
主題是東海道新幹線0系子彈列車正通過橋樑、背景是富士山。

2 面值70 F法郎圖案最上緣印「POSTE AERIENNE」即「航空郵政」之意、
中上印萬國博覽會的櫻花標誌、外環印「EXPOSITION OSAKA 1970」即「1970年大阪博覽會」之意、主題是日立集團展示館。

❗ 日立集團展示館宣示主題是「追求對未知的招待」，該館特點是由電腦操控的模擬飛行裝置可以體驗空中旅行、首次利用雷射光線作大尺寸電視的公開展示。

3 面值120 F法郎圖案最上緣印「EXPOSITION OSAKA 1970」即「1970年大阪博覽會」之意、右側印「POSTE AERIENNE」即「航空郵政」之意、左上印萬國博覽會的櫻花標誌及紅白綠三色的櫻花、主題是鳥居和古城、背景是富士山。

阿爾及利亞

位於北非的阿爾及利亞（法文國名ALGELIE）在1970年4月25日發行一套郵票共三款，每款郵票圖案左上印「博覽會櫻花標誌」及「EXPO' 70 OSAKA」（1970年大阪萬國博覽會）。

1 面值0.30第那（Dinar）圖案主題是「柑橘」。

2 面值0.60第那（Dinar）圖案主題是「阿爾及利亞」展示館。

3 面值0.70第那（Dinar）圖案主題是「紫葡萄和淺綠葡萄」。

多哥共和國

位於西非的多哥共和國（法文國名REPUBLIQUE TOGOLAISE）在1970年8月8日發行一套共五款及一款小全張，除面值2F西非法郎將在右上角「1970年萬國博覽會櫻花標誌」、其餘各款皆印在左上角。

◆面值20、30、50、60 F西非法郎等四款採聯刷方式（聯起來是會場全景），每款最上緣第一行印法文「EXPOSITION UNIVERSELLE D'OSAKA. 1970」

◆面值2F西非法郎圖案主題是鯉魚形飄袋（鯉のぼり）和三洋館，最上緣印法文「L' EXPOSITION JAPONAISE UNIVERSELLE ET INTERNATIONALE OSAKA. 1970」即「日本萬國和國際博覽會 大阪 1970年」之意，右側印法文「PROGRES HUMAIN DANS L' HARMONIE」、日文「人類の進步と調和」即「人類的進步和調和」之意。

即「大阪萬國博覽會 1970年」之意，第二行分別印法文「VERS LA PLEINE JOUISSANCE DE LA VIE」（朝向生命的全部喜樂）、「VERS PLUS DE GENEROSTE DE LA NATURE」（朝向個性的更加寬宏）、「VERS L' EPANOUISSEMENT DE L' ART DE VIVRE」（朝向生命藝術的繁榮）、「VERS LA MEILLEURE COMPREHENSION MUTUELLE」（朝向更佳的相了解），第三行印日文「日本万国博覽会」，圖案主題分別是「美國館和右下的澳洲館」、「左下的德國館、右下的法國館、遠後方尖塔的蘇聯館」、「主題館——太陽之塔」、「左下的三菱未來館、中間的生活產業館、右下的虹之塔和地方自治體館」。

小全張內含一款郵票面值150 F西非法郎，圖案主題是三菱未來館（MITSUBISHI PAVILION），最上緣印法文「L' EXPOSITION JAPONAISE UNIVERSELLE ET INTERNATIONALE OSAKA. 1970」，右側印法文「PROGRES HUMAIN DANS L' HARMONIE」。小全張的背景圖案是富士山麓的未來都市想像圖，左上印法文「Nature de Japon et Rêves des Japonais」即「日本的天然和日本的夢」之意，左下類似原子結構模型的黃色建築是三菱企業計畫的未來海中都市、紅色潛艇是三菱企業計畫的未來海中交通船、右下是未來海中載貨列車。

賴比瑞亞

位於西非的賴比瑞亞（LIBERIA）在1970年7月1日發行一套郵票共六款及一款小全張，每款圖案右上印萬國博覽會櫻花標誌及「EXPO'70」，2C分和3C分圖案外緣上方印一行萬國博覽會主題曲「世界の国からこんにちは」〔來自世界之國、今日好〈你好〉〕的最後一句日文歌詞「こんにちは こんにちは 握手をしよう」即「今日好（你好）今日好（你好）握手吧」之意。

◆面值3C分圖案左方是「三波春夫」、右方是「萬國博覽會大會堂」（万国博ホール）、右下印「EXPO'HALL & FLOATING STAGE」即「博覽會大會堂和移動式表演台」之意。

◆面值2C分圖案左方是「三波春夫」、右方是「祭典廣場」（**お祭り広場**）、右下印「EXPO' FESTIVAL PLAZA」即「博覽會祭典廣場」之意。

⚠ 「三波春夫」生於1923年7月19日、卒於2001年4月14日、本名為北詰文司、出身於新潟縣三島郡越路町（**現・長岡市**）的大眾歌謠歌手、曾榮獲紫綬褒章、勳四等旭日小綬章、新潟縣民榮譽賞，歌謠浪曲界的頂級藝人之一。演唱時穿著和服、以開朗的笑容出場，歌聲淳厚，唱腔充滿著濃郁的鄉土民俗情調，演唱技巧更是爐火純青，使得歌迷懷念不已。在1970年主唱萬國博覽會主題曲「世界の国からこんにちは」（來自世界之國，今日好），聲名大噪。

◆面值8C分圖案主題是「阿波舞蹈」（阿波踊り）、右下印「'AWA'DANCE FESTIVAL」即「阿波舞蹈祭典」之意。

◆面值25C分圖案主題是「佐渡舞蹈」（佐渡おけさ）、右下印「'SADO-OKESA'DANCE FESTIVAL」即「佐渡舞蹈祭典」之意。

❗「佐渡」位於日本海的小島，在新潟市的西北方，「佐渡舞蹈」是伴唱當地民謠「佐渡之歌」而跳的民俗舞，舞者頭戴草笠，時而五指併攏比劃或拍掌，時而和歌而唱，腳步輕盈，移位的動作都不大，像貓一樣輕巧。據說舞蹈源自一個傳說故事「貓的報恩」，有隻貓的主人開了一間小吃店，生意不太好，客人不多，貓兒決定要幫助主人。貓兒就在店裡跳起舞來，由於舞姿輕盈圓柔、十分逗趣，吸引很多客人來欣賞，客人看得盡興，邊看邊點小吃，於是生意逐漸好起來，終於幫主人賺了不少錢。

◆日本在1958年8月20日發行第一套國定公園郵票共兩款，圖案的主題是佐渡彌彥國定公園，其中一款面值10圓圖案是外海府海岸（在佐渡島西岸）和一位舞者在跳「佐渡舞蹈」。附圖是原圖卡，蓋發行首日紀念戳。

◆小全張內含一款郵票面值50C分圖案主題是「理科展示館」，背景是富士山，右側印「RICOH PAVILION」即「理光展示館」（リコー館）之意，左側印「ENLIGHTEN THRU EXPO'70」即「經由1970年博覽會來啟發」之意，該館上方大氣球象徵人類的眼睛。

❗「リコー」是指日本著名的事務機器和光學儀器製造廠商，主要業務為影印機、傳真機、雷射印表機、前述三項功能的複合機和數位像機的製造和銷售。創業者是「市村清」，在1936年2月6日創立「理研感光紙株式會社」，翌年3月改名「理研光學工業株式會社」，1963年改組為**株式会社リコー**（リコー為漢字『理光』的日文片假名拼音字，英文名稱：RICOH Company, Ltd.）。本社（總公司）位於東京中央區的銀座，2008年3月底總資產為2兆2143億日圓、集團從業員總數83,456名。

◆面值7C分圖案主題是「仙台七夕祭典中的『吹き流し』裝飾物」、右下印「'TANABATA' FESTIVAL」即「七夕祭典」之意，TANABATA的日文漢字是「棚幡」或「棚機」。『吹き流し』取自「風一吹、絲線好像水流」而得名，上端稱為『藥玉』（くすだまkusudama）是裡面裝著香料、藥草的錦袋，『藥玉』之下繫著不同顏色的絲線，做為求福和除邪之用。

❗仙台是日本東北最大的城市（2008年12月1日統計人口數1,032,005人）、位於東京的北方。仙台的七夕祭，在日本是最有名的祭典，也是全日本規模最大的七夕祭，按照古老習俗，於舊曆七月七日（陽曆的八月初）舉行，今改為8月6日至8日共三天。主要的景點是位於仙台鐵路車站附近的一番町和中央通（大道）等商店街的圓拱形出入口被裝飾著十分華麗，主要裝飾物有七種，除了上述的「吹き流し」，還有的「短冊」（祈求學業進步的短箋）、「紙衣」（祈求病情好轉或避災，以及裁縫技藝精進）、「折紙鶴」（祈求長壽）、「巾着」（包在腰部的錢袋，祈求富貴、儲財和生意興隆）、「投網」（祈求漁獲豐收）、「芥箱」（垃圾箱，裝做裝飾物的殘屑或紙屑，祈求清潔和節約）。在傍晚舉行大規模遊行，包括抬神轎、花車、鼓笛隊伍等。近年來，仙台市在七夕祭典的前夜，舉行煙火大會，吸引更多的觀光客前來欣賞。

◆面值5C分圖案左方是「太陽之塔」、右方是「萬國博覽會遊樂園的巨龍雲霄飛車」（ダイダラザウルスDaidarasaurus）、右下印「EXPO'LAND」即「萬國博覽會遊樂園」之意。

❗「ダイダラザウルス」（Daidarasaurus）是日文的現代複合詞，源自日本古代傳說的巨人名稱「ダイダラボッチ」（Daidarabocchi）和拉丁語的「saurus」（大型爬蟲類如恐龍等）合起來，相當巨龍之意。當初有五條行程，萬國博覽會結束後停止營運，兩年後只留下「急旋回型（4番線）赤帶」、「高速直進型（5番線）帶」兩條行程恢復營運，其餘三條行程撤除。2000年將兩條行程結合起來，總長度2340公尺，成為世界上行程最長的雲霄飛車，高度28.5公尺，最快時速72.5公里，行程時間6分33秒。2007年5月5日園內的雲霄飛車「風神雷神Ⅱ」發生脫軌事故，造成1死21傷，為了安全起見，在2008年5月休園期間將「巨龍」雲霄飛車拆除。

西非的獅子山

位於西非的獅子山（SIERRA LEONE）在1970年6月22日發行一套郵票，包含六款航空郵資和六款普通郵資。

◆航空郵資

航空郵資，面值有7½ C分、9½ C分、15C分、25C分、50C分、3LE等六款，圖案相同，貼紙由五瓣櫻花組成。

中上瓣印「EXPO'70‧OSAKA‧JAPAN」即「1970年博覽會‧大阪‧日本」之意、之下印「SIERRA LEONE」即「獅子山」之意、之下印「LAND OF IRON & DIAMONDS」即「鐵和鑽石的土地」之意，左下瓣印獅子山地圖，右下瓣印日本地圖。

◆普通郵資

普通郵資，面值有2C分、3½C分、10C分、12½C分、20C分、45C分等六款，圖案相同，貼紙由三個圓形（各印一枚萬國博覽會櫻花標誌）組成。

上圓的圖案主題是神社的鳥居和五重寶塔，左圓的圖案主題是獅子山地圖、外環印「LAND OF IRON & DIAMONDS」即「鐵和鑽石的土地」之意，右圓的圖案主題是日本地圖（印Nippon即日本之日語羅馬字拼音）、外環印「EXPO'70·OSAKA·JAPAN」即「1970年博覽會·大阪·日本」之意。

本套郵票的兩大特色是：

第一、採用自黏膠貼紙，撕下來後可以直接貼在郵件上。

第二、襯紙的背面印廣告「MAXIMUM SECURITY WITH INTEREST」即「最大安全和利息」之意、「SIERRA LEONE POST OFFICE SAVINGS BANK」即「獅子山郵局儲蓄銀行」之意。

塞內加爾共和國

位於西非的塞內加爾共和國（Republic of Senegal）在1970年7月18日發行一套郵票共三款，圖案左或右側印法文「EXPOSITION UNIVERSELLE OSAKA 1970」（即「1970年大阪萬國博覽會」）和博覽會標誌。

◆左圖：面值25F西非法郎圖案是選自日本浮世繪代表畫家「葛飾北齋」畫的「彈三味線之女」（三味線を弾く女）和大阪萬國博覽會的地標建築物「太陽之塔」（太陽の塔）。

◆右圖：面值150F西非法郎圖案是選自日本浮世繪代表畫家「勝川春潮」畫的「南北美人」。

◆右圖：面值75F西非法郎圖案是選自日本浮世繪代表畫家「葛飾北齋」畫的「富嶽三十六景中的武州玉川」（在東京附近、左上是富士山）和畫家「鳥文齋榮之」畫的「遊女」（在風月場所中的女人）。

茅利塔尼亞伊斯蘭共和國

位於西非的茅利塔尼亞伊斯蘭（回教）共和國（法文國名REPUBLIQUE ISLAMIQUE DE MARITANIE 印在圖案左側）在1970年6月15日發行一套共三款，圖案上緣印法文「EXPOSITION UNIVERSELLE OSAKA 1970」即「1970年大阪萬國博覽會」之意。

1 面值50 F法郎主題是繪畫用的調色板上印世界地圖、右下是彈三味線（絃樂器）的日本婦女。

2 面值75 F法郎主題是折扇，扇把頭印萬國博覽會櫻花標誌，扇面由右至左描繪燈籠和富士山、松樹和寶塔、古代舞妓，背景是煙火。

3 面值150 F法郎圖案由上至下分別是象徵平的鴿子（內印各展示館）、日本地圖（中印萬國博覽會櫻花標誌）、日本古代划槳船。

智利

位於南美洲的智利在1969年12月2日發行一套郵票共兩款，圖案完全相同，只有刷色和面值不同。

圖案主題是萬國博覽會櫻花標誌，標誌之下印「EXPO'70 OSAKA JAPON」即「1970年 博覽會‧大阪‧日本」之意，圖案上緣印「CORREOS DE CHILE」即「智利的郵遞」之意。

◆面值3 ESCUDOS刷青色。　◆面值5 ESCUDOS刷紅色。

馬爾他

位於地中海的馬爾他（MALTA）在1970年5月29日發行一套郵票共三款，每款圖案相同，圖案主題是日光普照和富士山頂積雪的象徵圖、左中處印萬國博覽會櫻花標誌，面值分別為2d辨士、5d辨士、3/西令。

羅馬的天主教教宗領地

位於羅馬的天主教教宗領地（俗稱教廷，VATICANE音譯為梵蒂岡）在1970年3月15日發行一套共五款，每款圖案都印有萬國博覽會的櫻花標誌。

1　面值25里拉圖案主題是萬國博覽會的櫻花標誌。

2　面值40里拉圖案主題是大阪城。

3　面值55里拉圖案主題是位於大阪市中央區的天主教堂——聖馬利亞大聖堂祭壇正面的《聖母和聖子像》壁畫。

！　聖馬利亞大聖堂祭壇正面的《聖母和聖子像》壁畫，由日本畫家「堂本印象」（本名：堂本三之助，1891年～1975年）為1963年紀念聖馬利亞大聖堂落成而繪，同年因本畫（**日本稱為「榮光の聖母マリア」**）得到當時教宗約翰（天主教譯為若望）23世頒予《聖西爾維斯特教宗騎士團勳章》〈拉丁文Ordo Sanctus Silvestri Papae〉，是第一位榮獲此勳章的日本人。

4　面值90里拉主題是基督教館，右上是日本第一高山——富士山。

5　面值110里拉，圖案主題是富士山。

荷蘭

荷蘭（Nederland）在1970年3月15日發行一款郵票，面值25C分，圖案主題是荷蘭展示館，右上印「expo'70 osaka」即「1970年大阪博覽會」之意，下方印「nerderland」，原文之意為「低地國」。

摩納哥

位於法國南部瀕臨地中海的小國——摩納哥（Monaco）在1970年3月16日發行一套郵票共五款，每款圖案印萬國博覽會櫻花標誌和法文「EXPOSITION UNIVERSELLE D'OSAKA 1970」即「1970年大阪萬國博覽會」之意。

1　　　　　　　2　　　　　　　3

1 面值0.20 F法郎圖案主題是描繪忍者的捲軸。

2 面值0.30 F法郎圖案是櫻花樹和白鶴。

3 面值0.40 F法郎圖案太陽照著嚴島神社（位於廣島海邊）的鳥居。

4　　　　　　　　　　　　5

4 面值0.70 F法郎圖案主題是櫻花樹，左下是鶴和太陽。

5 面值1.15 F法郎圖案左上是摩納哥的國徽，左方是摩納哥宮殿，右方是大阪城的天守閣、右下是大阪的徽章。

匈牙利

匈牙利郵政在1970年4月15日發行一套聯刷航空郵票共兩款，左聯的左上和右聯的右上各印萬國博覽會櫻花標誌，左聯的右上和右聯的左上各印匈牙利文「LÉGIPOSTA」即「航空郵政」之意。

左聯面值2Ft圖案中下是富士集團（フジグループ）展示館，背景是日本最著名的浮世繪畫師「葛飾北齋」的名作《富嶽（即富士山）三十六景》中的《山下白雨》。右聯面值3Ft主題是太陽之塔、背後印一個世界地圖以航空路線標示匈牙利和日本的位置，中下是聯合國展示館的和平鐘（日語稱為国連館の平和の鐘，直徑51.5公分、高69.6公分），背景是櫻花盛開圖。

! 《富嶽三十六景》是浮世繪畫師「葛飾北齋」的作品集之一，屬於浮世繪中的「名所繪」（著名景點繪畫），為描繪由日本關東各地遠眺富士山時的景色。初版只繪製36景，因為大受好評，所以葛飾北齋仍以《富嶽三十六景》為題再追加10景，最終此系列共有46景。一般俗稱初版的36景為「表富士」，追加的10景為「裏富士」。

新加累多尼亞

位於南太平洋的新加累多尼亞和附屬地在1970年9月3日發行一套航空郵資郵票共兩款。

◆面值20F法郎圖案左側印「POSTE AERIENNE」（即法文「航空郵政」之意）、右上印萬國博覽會的櫻花標誌、主題是日本東海道新幹線0系子彈列車正通過橋樑、背景是富士山、右下印「RF」。

◆面值45F法郎圖案左方是日本地圖（在大阪位置上印萬國博覽會的櫻花標誌）、右方是彌勒菩薩像、右上印「POSTE AERIENNE」和「RF」。

葡萄牙

葡萄牙（Portugal）在1970年9月16日發行一套共四款，每款圖案中上印「EXPO'70」，圖案的説明印在郵票背面。

1 面值1＄00：左是航海用的羅盤，右是萬國博覽會櫻花標誌，1542表示葡萄牙人最初到達日本的年份。
背面第一段印葡萄牙文、第二段印法文、第三段印英文，即「喚起（歷史記憶）葡萄牙航海家和他們到達日本」之意。

2 面值3＄50：萬國博覽會櫻花標誌
背面第一段印葡萄牙文、第二段印法文、第三段印英文，即「象徵關於日本各種文化的匯聚和傳播」之意。

3 面值5＄00：左是耶穌會的封印標誌、右是萬國博覽會櫻花標誌，1549表示葡萄牙人的船舶載著耶穌會的傳教士最初將基督教傳入日本的年份。
註：「IHS」是耶穌會Iesu Humilis Societas三字的第一個字母，英文則譯為Humble Society of Jesus。
背面第一段印葡萄牙文、第二段印法文、第三段印英文，即「喚起（歷史記憶）由葡萄牙人將基督教介紹到日本」之意。

4 面值6＄50：左是葡萄牙PORTUGAL的手抄古體字、右是萬國博覽會櫻花標誌
背面第一段印葡萄牙文、第二段印法文、第三段印英文，即「簽字表示基督教的葡萄牙和佛教的日本」之意。

捷克斯拉夫

位於中歐的捷克斯拉夫在1970年3月13日發行一套郵票共六款，每款郵票圖案下方印「EXPO'70 OSAKA」」和「日本万国博」、「昭和45年 大阪」。

◆面值50h主題是波希米亞（Bohemia）的黃銅鐘。

◆面值80h主題是斯科達（Skoda）工廠製造的工具機和車床。

◆面值1kcs主題是人頭造型的木製蜂巢箱。

◆面值1.60kcs主題是17世紀來自科捏茨（Koniec）的「天使和三位博士」聖者畫像。

◆面值2kcs主題是1787年窩爾夫（F.K.Wolf，1765年～1836年）畫的「沃利克」（Worlik）城堡，現今珍藏於布拉格國家畫廊。

◆面值3kcs主題是日本最著名的浮世繪畫師「葛飾北齋」的名作《富嶽（即富士山）三十六景》中「甲州三島越」，圖案右下印「葛飾北齋」的捷克文姓名及生卒年份「KACUŠIKA HOKUSAI 1760～1849」。

保加利亞

位於東南歐的保加利亞在1970年2月2日發行一款郵票，面值20CT分，圖案左方印「萬國博覽會櫻花標誌」及「EXPO'70 OCAKA」（大阪1970年博覽會）、主題是保加利亞展示館，因為配合該館宣示的

主題是「如母親般的巴爾幹眾山」，所以展示館的屋頂採用山的造型，介紹自古代的歷史、現代工業、社會主義25年的進展、美麗的國土等。

位於東南歐的保加利亞（БЪЛГАРИЯ）在1970年6月20日發行一套郵票共四款及一款小全張，每款圖案右上印「萬國博覽會櫻花標誌」及「EXPO'70 OCAKA」（大阪1970年博覽會）、右下印保加利亞展示館及「日本万国博覧会」。

◆面值1 CT分圖案左下是玫瑰花、中間是保加利亞婦女手提著裝滿玫瑰花的籃子。

◆面值2 CT分圖案三位穿民俗服裝、跳民俗舞蹈的保加利亞婦女。

◆面值3 CT分圖案左下是葡萄、梨子等水果、中間是穿民俗服裝的保加利亞婦女。

◆面值28 CT分圖案兩對跳民俗舞蹈的保加利亞男女舞者。

◆小全張內含一枚郵票面值40 CT分圖案主題是保加利亞展示館、背景是富士山，小全張圖案印保加利亞盛產的玫瑰花。

蘇聯

蘇聯（CCCP）在1970年3月10日發行一套郵票共三款和一款小全張，郵票圖案的左上皆印俄文「ЭКСПО 70」即「博覽會‧70年」之意。

1 面值4K圖案主題是俄國的民俗藝品、左邊是動物和玩偶塑像、中央是坐姿人像、右邊是各種茶壺和水壺等陶瓷器皿。

2 面值6K圖案主題是蘇聯館。

3 面值10K圖案主題是各種兒童玩具、中央是男孩手舉帆船模型（背後是飛機和貨船），左邊是機器人（背後是遙控船）、右邊是太空火箭（背後是電力機關車）、左上是碟型電波收發站和轎車。

◆小全張內含一款面值50K郵票，圖案是蘇聯的創建者列寧（ЛЕНИН）站在莫斯科的克里姆林宮牆前揮手致意，小全張的整體圖案是蘇聯館，左上印俄文「ОСАКА‧ЯПОНИЯ‧1970」即「大阪‧日本‧1970年」之意。

保加利亞的「玫瑰谷」

　　保加利亞玫瑰產地主要位於中部的敦佳（Tundzha）和斯特里亞馬（Stryama）兩個河谷。北面高聳挺拔的巴爾幹山脈擋住了北方的寒冷空氣，而溫暖濕潤的地中海氣流沿著河谷吹入，帶來雨水。暖濕氣候與肥沃土壤，提供玫瑰花最適宜的生長環境。盛產7000多種的玫瑰，成為世界上最大的玫瑰花產地，也是吸引各國觀光客的旅遊勝地。

　　採收期在每年的5月到6月間，大都由婦女採集，將玫瑰花一朵一朵剪下後放進柳枝籃子，然後匯集送到蒸餾所，蒸餾出來的就是玫瑰油，也就是香水的原料，又稱為香精，當地玫瑰油產量佔全世界產量85%。玫瑰油的生產中心位於卡贊拉克（Kazanlak），卡贊拉克出產一種特殊紅玫瑰，相傳是女神用自己鮮血澆灌出來的，色澤特別鮮紅艷麗，香氣非常濃郁。其實這種玫瑰原產亞洲，6世紀末才傳入當地。每年6月的第一個星期日是當地傳統民族節日—玫瑰節，人們到玫瑰谷舉行盛大的慶祝活動。絢麗、芬芳和雅潔的玫瑰花象徵著保加利亞人的勤勞、智慧和愛好大自然的精神，因此玫瑰花成為保加利亞的國花。

保加利亞在1962年3月28日發行一套玫瑰花專題郵票共八款，圖案是保加利亞出產的玫瑰花。

◆面值1 CT分是橘紅色、面值2 CT分是紅色、面值3 CT分是鮮紅色、面值4 CT分是黃色、面值5 CT分是橘紅色、面值6 CT分是紅色、面值8 CT分是鮮紅色、面值13 CT分是黃色。

羅馬尼亞

羅馬尼亞郵政在1970年3月24日發行一套郵票共兩款。

1 面值20B圖案左上方印博覽會的櫻花標誌、右上方印英文「EXPO'70」和日文「エキスポ70」（博覽會70）、主題是寶塔型的**古河電気工業株式会社展示館**。

2 面值1L圖案左上方印「EXPO'70」、中上方印博覽會的櫻花標誌、右上方印日文的「エキスポ70」和「OSAKA」（大阪）、主題採用「喜多川歌麻呂」畫的著名浮世繪「鷺娘」，畫的左上題「當世踊子揃」，即「都是當代舞蹈的女子」之意。東京國立博物館收藏一幅原畫，被指定為重要美術品。

羅馬尼亞郵政在1970年12月1日發行一款小全張面值5 LEI，內含一款郵票圖案左上方印博覽會的櫻花標誌、主題是古河展示館、下方印「FURUKAWA PAVILION」（古河展示館）和「**日本万国博覧会記念**」。小全張的圖案上緣印羅馬尼亞文「EXPOZITIA UNIVERSALA JAPONEZA, OSAKA 1970」（1970年日本大阪萬國博覽會）、英文的「EXPO'70」和日文的「エキスポ70」，左下印「194581」是限量發行序號（發行35萬份），下緣印電腦的羅馬尼亞文「COMPUTOPIA」接著是印英文「DREAM ANCIENT AND MODERN · COMPUTER GRAPHICS BY FACOM 270／30」即「夢、古和今，由FACOM 270／30型電腦繪圖」之意，整體背景呈現由FACOM 270／30繪出的日本年輕婦女所穿的古代和服、現今和夢想的服裝。由於此款小全張的圖案設計是採用日本當時最先進的電腦繪圖技術，不僅風靡日本的集郵界，也造成當時全球集郵市場最熱門的小全張之一。

註 FACOM 270/30是**日本富士通株式会社**研發自製的中型電腦，而FACOM是Fujitsu Automatic COMputer（富士通自動電腦）縮寫的商標。

加拿大

加拿大（Canada）在1970年3月
18日發行一套由四方聯組成的
紀念郵票，面值都是25C分，
右上聯圖案的上方印「我記
得」（法文JE ME SOUVIENS I
REMEMBER英文）、左方印青色
的1967年蒙特婁世界博覽會標
誌、右方印紅色的1970年日本萬
國博覽會櫻花標誌。

左上聯圖案的上方印「1970年
日本博覽會」（英文JAPAN EXPO'70 JAPON法文）、左方印紫色的1970年日本萬國博覽會櫻花標
誌、右方印「不列顛・哥倫比亞省的的省花——山茱萸」。

左下聯圖案的上方印「1970年日本博覽會」（英文JAPAN EXPO'70 JAPON法文）、左方印青色的
1970年日本萬國博覽會櫻花標誌、右方印「安大略省的的省花：白色延齡草花」。

右下聯圖案的上方印「1970年日本博覽會」（JAPAN EXPO'70 JAPON）、左方印綠色的1970年日
本萬國博覽會櫻花標誌、右方印「魁北克省的省花——白色花園百合花」。

加拿大在1970年3月18日同時發行
一套由四方聯組成的紀念郵票，
面值和圖案和上述一套完全相
同，不同處是在郵票的兩側加印
（tagged）螢光線條。

⚠ 在1959年英國首先發明了磷光
及螢光郵票，磷光或螢光郵票可
作為防偽之用，並且可以利用自
動機械分揀郵件及蓋銷郵件上的
郵票。只要將塗有發光材料的郵
票，放在紫外線燈下，便能顯
示出特別的顏色（例如紅色、綠
色、藍色等）。

聖彼得與米克隆島

聖彼得與米克隆島（Sanit Pierre et Miquelon）聖彼得與米克隆島是位於加拿大東部紐芬蘭島南方的小群島，現今歸法國管轄，面積242平方公里，居民約6000多人。在1970年9月8日發行一套共兩款。

1 面值34F法郎圖案中間是太空火箭、兩側選自日本浮世繪中的女性、中下印萬國博覽會的櫻花標誌、最下緣印「EXPOSITION UNIVERSELLE OSAKA 1970」（1970年大阪萬國博覽會）。

2 面值85F法郎圖案主題是橫山大觀畫的山嵐、左上印法文「EXPOSITION UNIVERSELLE OSAKA 1970」（1970年大阪萬國博覽會）及萬國博覽會的櫻花標誌。

! 日本畫家橫山大觀本名橫山秀麿，生於1868年、卒於1958年，他的特殊沒線描畫法稱為「朦朧體」，1934年榮獲朝日文化賞，1937年被日本政府授予第一回文化勳章，被稱為「近代日本畫壇之巨匠」。

波里尼西亞

位於南太平洋由法國管轄的許多島嶼（俗譯法屬波里尼西亞）在1970年9月15日發行一套航空郵票共兩款，圖案中印「紅色的萬國博覽會櫻花標誌」和「EXPOSITION UNIVERSELLE OSAKA 1970」即「1970年大阪萬國博覽會」之意。

◆面值30 F法郎圖案主題是富士山、右方印太陽之塔

◆面值60 F法郎圖案左側是巴黎的愛菲爾鐵塔、右側是嚴島神社在海邊的鳥居。

格雷那達

位於加勒比海的格雷那達（GRENADA）在1970年8月8日發行一套郵票共六款和一款小全張，每款郵票左上處印萬國博覽會櫻花標誌。

1 面值1C分圖案主題是太陽之塔。

2 面值3C分圖案主題是日本插花藝術「池坊流」。

3 面值50C分圖案主題是美國舊金山展示館（位於展覽會遊樂園區）象徵和平的聖法蘭西斯修士雕像、背景是舊金山最著名的地標——金門橋（Golden Gate Bridge）、右下是舊金山的電纜車（在遊樂園區內行駛電纜車造型的巴士）。

4 面值25C分圖案主題是「經濟合作和發展組織」（OECD）展示館前的水池映著當年成員國國旗，該館宣示的主題是「透過國際經濟合作達到人類的進步和調和」。從館邊往前推共有五排國旗，由左至右依序為：

第1排：西班牙、奧地利、（空一格）、法國、加拿大

第2排：盧森堡、（空兩格）、西德、（空兩格）、比利時

第3排：芬蘭、希臘、瑞典、日本、荷蘭、瑞士

第4排：冰島、英國、義大利、葡萄牙

第5排：挪威、丹麥、土耳其、美國

! OECD是The Organisation for Economic Co-operation and Development的簡稱，它的前身是1947年由美國和加拿大發起，在1948年成立的歐洲經濟合作組織（OEEC），成立的目的是致力於協助執行第二次世界大戰後重建歐洲的馬歇爾復興計畫（當時美國國務卿馬歇爾所提出）。1961年改名為經濟合作和發展組織，最初成立的成員國有20個（除美國、加拿大，其餘18個是歐洲國家）。後來其成員國逐擴展到非歐洲國家，日本在1964年加入，芬蘭在1969年加入，現今共有30個成員國，因為台灣並非聯合國會員國，只得以觀察員加入。

⑤

⑥

⑤ 面值10C分圖案主題是義大利畫家丁托列托（Tintoretto）畫的「亞當和夏娃」、左下是義大利展示館。

⑥ 面值2C分圖案主題是生活產業館（LIVELIHOOD INDUSTRY PAVILION）。

◆小全張內含一枚郵票面值＄1圓圖案主題是「東芝IHI展示館」（TOSHIBA IHI PAVILION印在左側），小全張圖案背景是博覽會夜景、中上尖塔是蘇聯展示館、右上是能樂演員用的面具、右下是能樂演員、中下是「佐渡舞蹈」（佐渡おけさ）舞者、左下是「阿波舞蹈」（阿波踊り）舞者。

「東芝IHI展示館」宣示的主題是「希望：光和人類」，建築物中有一座半球型的劇場，放映360度的電影，可容納500位觀眾席。

巴拿馬

位於中美洲的巴拿馬（Panama）在1971年8月24日發行一款航空（AEREO）郵票，面值10C分，圖案外框上方印「EXPO'70 OSAKA」和「万国博覧会70大阪」，圖案左上印櫻桃紅色的萬國博覽會櫻花標誌、主題是電器通信館，該館宣示的主題是「人類和通訊」，介紹明日的通訊設備，展出單位是「日本電信電話公社」（1984年民營化改為日本電信電話株式会社）、「國際電信電話会社」。

尼加拉瓜

位於中美洲的尼加拉瓜（Nicaragua）在1970年7月5日發行一套航空郵資（AEREO西班牙文「航空」之意，印在右下角）郵票共六款，每款圖案相同，圖案主題是嚴島神社在海邊的鳥居、背景是富士山、左下印萬國博覽會櫻花標誌和「EXPO'70 OSAKA」（1970年大阪博覽會），面值和邊框刷色不同。

1 面值25¢分

2 面值30¢分

3 面值35¢分

4 面值75¢分

5 面值150 CORDOBA

6 面值3 CORDOBAS

❗ 嚴島神社與鳥居

嚴島神社：建於公元593年前後，位於日本廣島縣廿日市市境內島嶼——嚴島，主要祭奉日本古代傳說中的三位海洋女神（宗向三女神：市杵島姬命、田心姬命、湍津姬命）。嚴島神社的地址位於瀨戶內海濱的潮間帶上，神社前方立於海中的大型鳥居高16公尺，被稱為「日本三景」（天橋立、松島、嚴島）之一「嚴島」的最著名地標。嚴島神社在1996年被聯合國教育科學文化組織列為世界文化遺產。

鳥居：是日本神社和神宮入口處的建築物，頗似中國建築的牌坊、牌樓。主要用以區分神域和人類所居住的俗界，象徵神域的入口，可以將它視為一種「門」。另外日本天皇的御陵以及日本的佛教寺院也有鳥居的建築。鳥居有兩根支柱，上面有兩根橫樑，上面掛著有題字的匾。一般用木材製造，刷上生漆。位於東京的靖國神社鳥居是用青銅製造的。

據神道教的傳說，天照大神（太陽神）因為討厭她的兄弟，躲進一個山洞，用石頭將洞口堵起來，人間因此沒有了日光。於是人們想了一個辦法，建立了一個高的支架，將很多公雞放到上面，然後讓所有的公雞一起啼叫，天照大神覺得很奇怪，就推開石頭看看，躲在一旁的相撲力士們立刻抓住機會合力將石頭推開，人間世界又重現光明了。這個支架就是第一個鳥居。日文中的「鳥」單字使用時，通常是專指雞此種鳥類之意，因此鳥居其實是「雞架」的意思。日語將「雞」稱為「庭鳥」（にわとり）。

哥斯達黎加

位於中美洲的哥斯大黎加（Costa Rica，富庶海岸之意）在1970年8月1日發行一套航空郵遞郵票共六款，每款圖案的右上印「萬國博覽會櫻花標誌」及日文「**日本万国博覧会**」。

1 面值10cts.分圖案主題是小原流的插花，圖案下緣印IKEBANA（Arreglo Floral Japonés OHARA）即「插花，日文漢字是生花」（日本的花道‧小原流）之意。

2 面值45cts.分圖案主題是哥斯大黎加婦女正在採收咖啡豆，圖案中下印「COGEDORA DE CAFÉ」即「咖啡的採收」之意。

3 面值55cts.分圖案主題是美國太空人乘太空船從月球上空的軌道拍攝到的地球照片，圖案右下印「NUEVA DIMENSION DE LA HUMANIDAD」即「人類的新空間」之意。

4 面值15cts.分圖案主題是哥斯大黎加展示館展出的「哥斯大黎加慶典用的裝飾拖車」，圖案左下印「CARRETA TÍPICA」即「典型拖車」之意。

5 面值35cts.分圖案主題是太陽之塔（TORRE DEL SOL印在左下），圖案下緣印「PROGRESO Y ARMONIA PARA LA HUMANIDAD」即「人類的進步和調和」之意。

6 面值40cts.分圖案主題是日本的茶道以小杓子舀出茶湯，圖案左下「CEREMONIA DEL TE」即「茶的禮儀」之意。

大阪城

　　位於大阪市中央區的大阪城公園內，為大阪名勝之一，和名古屋城、熊本城並列為日本歷史上的三大名城。

　　在桃山時代是豐臣秀吉的居城。後來德川家康以兩次大坂之役（冬之陣、夏之陣）消滅了豐臣家，此後大坂城成為德川幕府控制西日本大名（諸侯）的重要據點。

　　大阪城矗立於上町台地北端，北臨淀川，居交通要津，最早為羽柴秀吉（後來改姓為豐臣秀吉）在大抵統一日本後，於1583年興建，規模宏偉、金碧輝煌。大坂城曾多次毀於天災兵禍後又重新修建，現今之大阪城為昭和6年間以鋼筋水泥為架構，參照豐臣秀吉當初建造時的樣式予以復原，1997年被日本政府指定為登錄有形文化財。

　　「大阪」在明治維新之前寫作「大坂」，維新後忌於「坂」字可拆為「士反」，有「武士叛亂」之諱，因此於明治三年（1870年）改名為「大阪」，「大坂城」也因而更名為「大阪城」。一般講述更名前的歷史時仍會以舊寫「大坂城」稱之，以示時代區別。

◆為現今的大阪城天守閣於櫻花盛開時拍照。

◆為大阪城天守閣的夜景。

◆為大阪城的石牆和外濠（護城河）。

◆為1950年代末期大阪市最繁華的街道─「御堂筋」，連結大阪驛（車站）和南面繁華商業區的大通道，街道幅寬44公尺，中間車道供市街電車通行。

日本的繪畫驕傲──浮世繪（UKIYOE）

　　顧名思義，「浮世繪」就是反應浮現於當世代生活人物及週遭情景的繪畫，以現代語言來形容就是描繪日本17世紀一般社會大眾生活和風情的寫實畫，因為取材對象以庶民為主，所以被稱為日本風俗畫或東洋平民畫。

　　「浮世繪」是日本江戶（現在東京的舊名）時代最重要的美術流派，是寫實主義的故事體繪卷畫風和工筆細緻裝飾畫風的混合體，畫家除了要掌握人物神韻，還要展現細筆功夫的真本事。「浮世繪」屏風畫是早期的代表作品，主要描繪服飾華麗的人物，對象大都是下階層社會的民家婦女或是在歡唱娛樂場所謀生的職業婦女，後來的題材由於反應當時的人生百態和景物，逐漸受到市民尤其是商人的喜好，「浮世繪」不再是藝術裝飾品，「浮世繪」版畫被當做店家的廣告看板，更成為娛樂場所吸引顧客上門的招牌，小幅的「浮世繪」拓版圖則演變為廣告傳單，「浮世繪」轉型為流行的商業美術品，由於市

浮世繪之祖——菱川師宣

◆17世紀後半，後世尊為「浮世繪之祖」的「菱川師宣」（ひしかわ もろのぶ，1618年～1694年），是一位刺繡工人出身的畫師。最先為小說描繪插圖，後來這些插圖因受到一般民眾的歡迎，從文學讀本中脫離出來，成為風格獨特的欣賞繪畫。菱川將這些畫套色印製成版畫，在民間廣泛出售，浮世繪因此在民間快速流傳，其中《見返り美人圖》（即「回眸美人圖」之意）為其代表作品。

日本自1955年起每年都會發行一套「切手趣味週間」郵票，英文稱為「Philatelic Week」，就是推廣集郵週之意，在1991年4月19日發行1991年度的「切手趣味週間」暨紀念「郵便創業120年」郵票，一套共兩款，其中一款面值62圓的圖案主題就是採用菱川師宣畫的著名浮世繪《見返り美人圖》。

場有大量的需求，使得「浮世繪」版畫得到迅速發展。到了19世紀末期，歐美的照相術和現代印刷術傳入日本，浮世繪受到嚴苛的挑戰。雖然很多畫師以更精細的筆法繪製浮世繪，但大勢所趨，終究無法抗拒科技進步的新潮流，浮世繪畫風又回到觀賞的純美術領域。

　　浮世繪最初以「美人繪」和「役者繪」（戲劇人物畫）為主要題材，後來出現了以相撲、風景、花鳥以及歷史故事等題為材的作品。畫面的著色，剛開始類似水墨畫只用黑色，再逐漸增添丹、朱、紅等簡單的紅色系色彩，最後成為多種色彩的「錦繪」。

　　版畫的構成，由繪畫師、雕刻師、拓版師按順序分工合作來完成。首先由繪畫師作畫，再由雕刻師刻版，最後由拓版師按照畫面不同的色彩分別拓印成畫。此種在木板平面上刻出複雜而又精緻的線條，再用各種色彩拓成版畫的高超技術，曾被西方畫家認為一種不可思議的技藝。

　　隨著浮世繪技術的發展，出現許多著名的畫家，除了創始人菱川師宣外，著名的有揭開浮世繪黃金時代的鈴木春信，「美人繪」大師的鳥居清長和喜多川歌麻呂，「戲劇繪」巨匠的東洲齋寫樂，還有

「寫實派」大師的葛飾北齋，以及將「風景繪」技巧推向最高峰的歌川廣重等名師，以上六位被稱為「六大浮世繪師」。

　　浮世繪藝術雄據日本畫壇260多年，直到明治維新（公元1868年～1889年）拉開序幕前逐漸消退。此顆跨越三世紀的東洋藝術明珠，在世界美術史上仍佔有光輝璀璨的一頁。

　　由於浮世繪成為最具東洋味和代表日本傳統美術的特殊畫風，已經深植日本各階層民心，至今仍然受到日本藝術家和一般知識份子的喜愛，浮世繪的描繪技巧和風格也得以如插畫、廣告宣傳畫、郵票圖案等不同形式在各類藝術中繼續傳承下去。

鳥居清長

◆日本在1958年4月20日發行一款1958年度的「切手趣味週間」郵票，面值10圓的圖案主題就是採用「鳥居清長」（1752年～1815年）畫的著名浮世繪版畫《風俗東之錦》中的《雨中湯歸り》，描繪一名婦女在澡堂泡湯洗澡後，在雨中撐著傘要回家。

鈴木春信

◆18世紀，鈴木春信（1724年－1770年）首創多色印刷版畫的「錦繪」，使得浮世繪的色彩有如織錦般的華麗豐富。他創作的美人畫最為著名，畫像都是身材纖細、表情令人憐惜的年輕女性。

日本在1957年11月1日發行1957年度的「切手趣味週間」郵票，面值10圓，圖案主題採用「鈴木春信」畫的著名浮世繪「まりつき」，描繪一名在拍球的少女。

1971
布達佩斯世界狩獵博覽會

英文：World Exhibition of Hunting・Budapest 1971
主題：狩獵對人和藝術的影響
地點：匈牙利布達佩斯
展期：1971年8月27日～9月30日，是展覽會期最短的一屆世界博覽會，歷時僅有35天
參展國數：34個
參觀人次：約300萬人

　　本屆世界博覽會的主題為「狩獵對人和藝術的影響」，首次以「關懷人類和自然」做為世界博覽會的主題，屬於專業類的主題。展期為1971年8月27日～9月30日，是展覽會期最短的一屆世界博覽會，歷時僅有35天。會場佔地總面積33公頃，34國參加，參觀人數約300萬。

匈牙利

匈牙利在1971年5月21日為紀念在布達佩斯舉辦的世界狩獵博覽會，發行一套郵票共八款，每一款圖案中印八角形的世界狩獵博覽會標誌，標誌內繪東歐種紅鹿的犄角，紅鹿因皮毛呈紅棕色而得名，肩高120至150公分，體重約為150至500公斤，僅雄性有犄角，多為六叉，最多為八叉，中國稱為「馬鹿」或「八叉鹿」。

1 面值40f圖案主題是「兩名騎馬獵人用標槍獵野牛」。

2 面值60f圖案主題是「一名騎馬獵人用標槍獵野豬、並驅趕獵犬圍捕」。

3 面值80f圖案主題是「獵人用十字弓獵東歐種紅鹿、兩頭獵犬在旁等候」。

4 面值1Ft主題「獵鷹、獵人正在訓練獵鷹」。

5 面值1.20Ft主題「用獵犬圍捕東歐種紅鹿」。

6 面值2Ft主題「鴇鳥」。

7 面值3Ft主題「以網捕魚」。

8 面值4Ft主題「釣魚」。

匈牙利為紀念在布達佩斯舉辦的世界狩獵博覽會，在開幕當天1971年8月27日發行一款航空郵資（LÉGIPOSTA印在郵票圖案右上處）小全張，內含一枚面值10Ft郵票圖案主題是在森林中的紅鹿家庭，中間前方是雄的紅鹿，又後方有兩頭小紅鹿在母紅鹿旁邊，左上印八角形的世界狩獵博覽會標誌，小全張的四周由左邊至左上邊、右上邊再至右邊分別印上了法文、德文、英文、俄文，以及中下的金色橫條中印匈牙利文，皆為「1971年布達佩斯世界狩獵博覽會」之意。

1974
斯波坎世界博覽會

英文：World's Fair in Expo'74 (International Exposition on the Environment)
主題：稱頌明日的清新環境，簡稱為保持環境
地點：美國西北部華盛頓州的斯波坎市
第一次在小都市舉辦的世界博覽會
展期：1974年5月4日～11月4日
參觀人次：520萬人

　　斯波坎世界博覽會展出地點於美國西北部華盛頓州斯波坎市的斯波坎河「河岸公園」，因當地有個斯波坎瀑布（Spokan Falls）而得名。斯波坎依當地原住民「薩拉語」（Salish）語之意是「太陽的孩子」，展期為1974年5月4日至11月4日，當時美國總統尼克森也親自蒞臨參加開幕儀式。此次的主題為「稱頌明日的清新環境」，簡稱為保持環境。

　　斯波坎市位於西雅圖東邊約436公里處，現今人口約20萬，華盛頓州的第二大都市，在1974年人口才略多於17萬，以歷屆世界博覽會的主辦都市規模而言，算是第一次在小都市舉辦，而第二次由小都市舉辦則是直到1982年由美國田納西州·諾克斯維爾（Knoxville, Tennessee）舉辦的世界能源博覽會。由於斯波坎是一個工業都市，博覽會結束後，斯波坎河被整治得更加清潔，市區環境也整理得更加乾淨、整潔。

看郵票遊世博

美國

美國在1974年4月18日為紀念斯波坎世界博覽會，發行一款面值10分的郵票，圖案主題是「宇宙的跳躍者」、最下緣印「PRESERVE THE ENVIRONMENT」即「保持環境」之意。

◆面值1.00圓圖案主題為我國展示館。

◆面值8.00圓圖案主題為斯波坎世界博覽會平面圖，圖中以我國國旗標示我國展示館位置，藍色部分就是斯波坎河。

台灣

1974年世界博覽會於1974年5月4日在美國西北部華盛頓州斯波坎市開幕，為慶祝此一盛大的國際性展覽會，我國郵局在1974年10月10日發行一套紀念郵票兩款，由中華彩色印刷股份有限公司以平凹版印製。

兩款郵票圖案左上方印世界博覽會標誌一白、藍、綠三色之六角形，白色代表新鮮空氣、藍色代表純淨之水、綠色代表花草樹木之天然美。我國展示館展出內容以「倫理、民主、科學」為主題，說明以中庸之道求得自然環境、物質環境、人文環境及社會環境之和諧，推己及人，由小康進入世界大同之理想境界。

蘇聯

蘇聯在1974年4月24日發行一套郵票共五款和一款小全張，圖案的左上角印「EXPO'74」即1974年博覽會的標誌。

1 面值16K圖案主題是白玫瑰花，象徵保護自然生物。

2 面值20K圖案主題是小鹿，象徵保護動物。

1　　　　**2**

3　　　　　　　　4　　　　　　　　5

3 面值4K圖案主題是彩虹出現、飛燕在白雲上翱翔，象徵潔
淨的大氣空間。

4 面值6K圖案主題是魚在水中游，象徵保護水資源。

5 10K圖案主題是水晶，象徵有用的礦產。

◆小全張內含一款面值50K郵票，圖案是陽光和嬰兒，象徵幸福的童年。

1975
沖繩國際海洋博覽會

英文：International Ocean Exposition Okinawa, Japan 1975
主題：海洋未來的希望
地點：日本沖繩
展期： 1975/7/20～1976/1/18
總面積：100海畝
參加國：36國
參觀人數：3,485,750 人次

　　沖繩國際海洋博覽會於1975年7月20日～1976年1月18日，在日本沖繩縣國頭郡本部町舉行，日文簡稱為「沖繩海洋博」，「海洋博」展覽期間共183天，主題訂為「海——充滿希望的未來」。包含日本在內共有36個國家以及三個國際組織參加，總入場人次約349萬，原訂目標為450萬人，雖沒有預期的好，但本次博覽會，正處於第一次石油危機帶來的經濟蕭條時期，且博覽會期間，皇太子明仁（今明仁天皇）、皇太子妃美智子（今皇后美智子）夫婦在前往姬百合之塔獻花時，還發生左翼激進派份子投擲汽油彈事件，足以顯示當時的情勢是多麼的混亂，但仍約有349萬人前往參觀。在173天的展覽期間，人們對博覽會所建造的「海上都市」、「海洋牧場」表現了濃厚的興趣；同時，博覽會展示了各種開發海洋資源的先進技術與產品，這樣的成效算是不差。而在展覽結束後，博覽會會場改設立為「國營沖繩紀念公園」。

　　由於人類自以為是，認為海洋資源是取之不盡、用之不竭的，直至1942年的倫敦會議指出，過度捕撈海洋資源，將帶來的危機，而沖繩國際海洋博覽會也啟動人類對海洋開發的省思，在捕撈海產的同時，人類開始採掘海洋中蘊藏的資源和礦產。從大陸棚的開發，到深海作業，開採者越採越深，從石油到金屬礦產，人類在海洋掀起了驚濤駭浪。

　　為了使人類不重蹈對陸地過度開發的覆轍，在本屆博覽會之前，聯合國曾召開過三次海洋法會議，商定各國共同遵守的海洋法。在1973年的第三次會議上，通過了「聯合國海洋法公約」，1982年12月1日終於在牙買加締約，締約國共有117個國家。

本次博覽會的兩大特點

　　第一、展覽期間，由神戶製鋼所在會場中建設了捷運系統（神戶捷運Kobe Rapid Transit，簡稱為K.R.T.）供入場者使用，長3.7公里，為日本史上第一次建設及使用的捷運系統。

　　第二、博覽會展示了未來的海洋都市人工島（簡稱為海上都市Aaquapolis），由日本政府動用130億日圓興建的「半潛水型浮遊式海洋構造物」，長寬各100公尺、高32公尺，在廣島的造船廠建造，完工後用拖船拖到展覽地點，1976年3月以2億日圓讓渡給沖繩縣繼續營業，在1993年11月結束，之後並沒有繼續使用，直到2000年10月當做廢鐵賣給美國公司處分，於該年10月23日由拖船拖離原本地點，送往上海拆解。

展覽會場區分為四個聚集群

　　本屆的展館會場以魚群的想法為設計主軸，因受到沖繩當地海島地

註 本部町位於琉球列島沖繩群島中的沖繩本島北部地區西側，包括了沖繩島的本部半島西部區域，以及瀨底島、水納島。

形的起伏、海岸曲折的限制，因此利用群聚的觀念來布置及命名，而不像一般世博用館區來稱呼，以符合群島本身是集合各島嶼的特性。

「魚」聚集群（Fish Cluster）

伊朗展示館、住友展示館、水族館、海豚之地，以及屬於「電腦控制交通工具系統」博覽會未來車輛（Expo Future Car）的展示。

「種族和歷史」聚集群（Ethnic and History Cluster）

第一國際展示館、沖繩展示館、博覽會館、日立展示館、海洋文化博物館、三菱展示水面下的科技，以及第二國際展示館。

「科學和技術」聚集群（Science and Technology Cluster）

世界海洋系統館的鯨魚造形劇院、三井兒童展示館、芙蓉集團展示館美國展示館、海上都市、加拿大展示館、澳洲展示館、義大利展示館、蘇聯展示館，以及博覽會新都市車輛（Expo New City Car）即會場中的捷運系統。

「船」聚集群（Ships Cluster）

第三國際展示館、綠/冰景展示館──冰山外形建築展示一顆三千年久的冰核和一顆12,000年久的冰核、博覽會港口、迎賓館，另外設有博覽會海灘和博覽會所在遊樂園。

看郵票遊世博

日本

日本為籌募沖繩國際海洋博覽會基金在1974年3月2日發行一款附捐郵票，面值20＋5圓，購買時付25圓，其中20圓做為郵資，5圓做為基金捐款，圖案主題是平福百穗畫的《荒磯》（海浪沖拍岩礁）、右上印博覽會標誌。

◆郵票

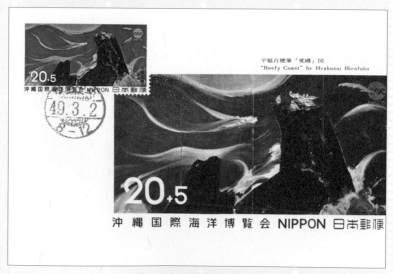

◆原圖卡

◆日本在1975年7月19日發行一套郵票共三款及一款小全張。

◆面值20圓圖案主題是沖繩的民俗舞蹈。

◆面值30圓圖案主題是沖繩著名的傳統印染紡織品「紅型」。

◆面值50圓圖案主題是未來的海上都市和地球的象徵。

小全張則包含上述三款郵票，圖案中上印博覽會標誌。

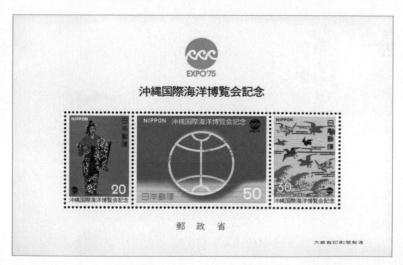

◆小全張的外套紙正面：左中印日本國旗、中印「沖繩国際海洋博覽會記念」、右上印博覽會標誌、右下印發行單位「郵政省」。

沖縄国際海洋博覧会記念組合せ郵便切手

————昭和50年 7 月19日発行————

昭和50年7月20日から昭和51年1月18日まで、沖縄県本部半島
において開催の沖縄国際海洋博覧会を記念して次のような20円、
30円及び50円の各郵便切手の組合せ小型シートが発行された。

種　類	意　匠
20円郵便切手	沖縄舞踊
30円郵便切手	紅型(びんがた)
50円郵便切手	アクアポリス(未来の海上都市) に地球を配す。

INTERNATIONAL OCEAN EXPOSITION, OKINAWA, 1975

SOUVENIR SHEET—ISSUED ON JULY 19, 1975

This special sheet containing one each of the following com-
memorative postage stamps has been issued as a souvenir of
the International Ocean Exposition held in Okinawa, July 20,
1975, to January 18, 1976.

Denomination	Design
20 yen	Folk Dance of Okinawa
30 yen	BINGATA, Okinawan fabrics dyed with paste-resist technique.
50 yen	AQUAPOLIS, floating city in EXPO '75, overprinted with an outline of the globe.

◆小全張的外套紙背面印松下電器產業株式會社當時最新的產品廣告：最下緣印「民族歷史ク
ラスターの海洋博ホールで『マリン・フラワーズ』三面マルチ映像出展」即「在民族歷史集合
體的海洋博集會廳（座位210席）展出『海洋花』三面多映像影片（35厘米）」、右下印松下產
品品牌名稱「ナショナル」（NATIONAL在台灣稱為國際牌）的商標、左下印博覽會及水母標誌
（表示三面映像番號3D-0013）、最上方印三面多映像影片的名稱「マリン・フラワーズ」、「い
のちの感動」即「海洋花」、「生命之感動」之意，主題圖案就是在廳內放映的情景。

蒙古

蒙古在1974年12月發行七款郵票，圖案採菱形設計、上方印沖繩國際海洋博覽會標誌，全套郵票的標題是「水和保護自然」。

1 面值10 Mung主題是田鳧，又稱為鳳頭麥雞。

2 面值20 Mung主題是魚。

3 面值30 Mung主題是沼澤金盞花，又稱立金花。

4 面值40 Mung主題是鵜鶘。

5 面值60 Mung主題是鱸魚。**6** 面值80 Mung主題是貂。

7 面值1 Tugrik主題是檢驗師正要檢查水質。

匈牙利

匈牙利在1975年7月21日發行一款小全張，圖案右上印沖繩國際海洋博覽會標誌，內含一枚郵票面值10Ft，圖案主題是世界海洋系統館─鯨魚造形劇院。

匈牙利在1975年10月16日發行一套郵票共七款以環境為主題，圖案右上印「沖繩海洋博覽會」。

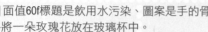

1 面值40f標題是海洋污染、圖案是魚和波浪。

2 面值60f標題是飲用水污染、圖案是手的骨骼將一朵玫瑰花放在玻璃杯中。

3 面值80f標題是河川污染、圖案是河中的魚渴望喝到雨滴。

4 面值1Ft標題是土地污染、圖案是在受到污染的土地上康乃馨呈現枯萎。

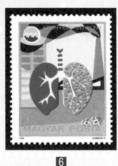

5 面值1.20Ft標題是空氣污染、圖案是鳥吸到污染的空氣後墜落。

6 面值5Ft標題是空氣污染、圖案是排放廢氣的煙囱和生病的肺。

7 面值6Ft標題是停止污染、圖案是為了保護地球舉起手阻擋象徵死亡的手骨骼。

羅馬尼亞

羅馬尼亞郵政在1975年4月10日發行一款郵票。

面值4LEI圖案主題是兒童科學館，左及上緣印羅馬尼亞文「EXPOZITIA OCEANICA OKINAWA」即「沖繩海洋博覽會」之意，右上是1975年國際海洋博覽會的標誌，右側印羅馬尼亞文「PAVILIONUL DE STIINTA AL COPIILOR」即「兒童科學館」之意。

蘇聯

蘇聯（CCCP）在1975年7月22日發行一套郵票共六款和一款小全張，圖案的右上角印「EXPO'75」即1975年博覽會的標誌，圖案主題選用蘇聯海域的鳥、魚貝類。

1　2　3

■1 面值3K圖案主題是裏海的鱒魚。■2 面值4K圖案主題是黑海的號角螺。

■3 面值6K圖案主題是波羅的海的海鰻。

4　5　6

■4 面值10K圖案主題是北極海的長尾海鴨，因可潛入海中覓食而得名。

■5 面值16K圖案主題是位於遠東海域的堪察加帝王蟹。

■6 面值20K圖案主題是太平洋的藍淑女魚，同種的台灣名稱「灰刻齒雀鯛」、中國大陸稱為「青金翅雀鯛」。

註 堪察加半島位於俄國遠東聯邦管區，東、南岸濱北太平洋。

◆小全張內含兩款面值皆為30K郵票，上聯是上浮的海豚、下聯是下沉的海豚。

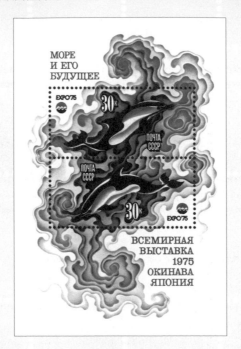

塞內加爾

位於西非的塞內加爾（Senegal）在1976年1月28日發行一套郵票共兩款，圖案左上印沖繩國際海洋博覽會的標誌，下緣印一行法文即「我們所珍愛的海」之意。

◆面值140F西非法郎圖案主題是「海釣旗魚」

◆面值200F西非法郎圖案主題是「風帆遊艇比賽」

馬拉加西共和國

馬拉加西共和國（Malagasy）在1975年9月16日發行一套郵票共五款和一款小全張，圖案的左上角印「EXPO'75 OKINAWA」即1975年沖繩博覽會的標誌，圖案主題選用沖繩及附近島嶼的保育類動物。

1 面值25F法郎圖案主題是沖繩的野口啄木鳥。

2 面值40F法郎圖案主題是奄美的野黑兔。

3 面值50F法郎圖案主題是奄美的奧通青蛙。

4 面值75F法郎圖案主題是石垣島、西表島的背丸箱龜。

5 面值125F法郎圖案主題是慶良間（在那霸市西方40公里的諸島）鹿。

◆小全張內含一款面值300F法郎郵票，圖案是奄美的樫鳥小全張圖案是沖繩當地住家和海邊景色。

上伏塔共和國

上伏塔共和國（1984年8月4日改名布基那法索國-Burkina Faso）在1975年9月26日發行一套郵票共六款和一款小全張，圖案的左上角印「EXPO'75」即1975年博覽會的標誌，最上緣印法文「OKINAWA EXPOSITION OCEANOGRAPHIC」即「沖繩海洋博覽會」之意，圖案主題選用日本著名的船艦。

1 面值15西非法郎圖案主題是「出光丸」油輪（IDEMITSU MARU Bateau Citerne）。

! 1966年12月7日在石川島播磨重工業株式社橫濱第二工場竣工，世界第一艘20萬噸（209,302噸重量）級油輪，全長344.3公尺，幅49.8公尺，深23.2公尺，滿載吃水深17.685公尺，滿載時速16.35海浬，乘員32名，1980年解體。

2 面值25西非法郎圖案主題是「海王丸」航海訓練帆船（KAIWO MARU Bateau Ecole）。

! 初代海王丸在1930年進水、1984年（昭和59年）引退，引退後的初代海王丸在富山新港（伏木富山港新湊地　）的海王丸公園公開展示。由川崎重工業神　造船所製造，4檣型帆船，總噸數2238.4噸，全長97公尺，幅13公尺。

3 面值45西非法郎圖案主題是「飛龍號」雙胴體型噴水消防船（HIRYU Bateau Pompe）。

! 1969年3月4日在日本鋼管鶴見造船所竣工，配屬於日本海上保安廳第3管區橫濱海上保安部，1997年12月2日除役。

4 面值60西非法郎圖案主題是「鎌倉丸」（KAMAKURA MARU Porte Conteneurs）貨櫃輪。

! 1971年由三菱重工業神戶造船廠製造，51139總噸，全長261公尺、幅32.3公尺，營運航行時速24海浬，是當時世界最大和最快速的貨櫃輪。原屬於日本郵船會社，在1988年改名大阪海洋神（OCEANUS OSAKA），1995年改名克勞蒂亞（MSC CLAUDIA）。

5

⑤ 面值150西非法郎圖案主題是「淺間丸」遠洋輪
（ASAMA MARU Paquebot）。

❗ 1929年9月15日在三菱長崎造船廠竣工，1929年10月11日正
式營運，16975總噸，全長178公尺、幅21.9公尺，深12.9公
尺，乘客839名，營運航行時速21海浬，是當時日本代表
性的豪華客貨輪，被稱為「太平洋的女王」，屬於日本
郵船會社，航行於北太平洋航線（橫濱→火奴魯魯→舊
金山）。1944年11月1日，由馬尼拉北上高雄航行途中經巴
士海峽附近被美國潛水艦擊沉，船上有一千多人獲救，五百多人罹難。

⑥ 面值50西非法郎圖案主題是「大和號」戰鬥艦
（YAMATO Cuirassé）。

❗ 世界最大的主力戰鬥艦，1937年11月4日在吳海軍工廠
起工，1940年8月8日進水，1941年12月16日就役。公式排
水量69,000噸，滿載排水量72,800噸，全長263公尺、幅
38.9公尺、吃水深10.4公尺，最大時速27.46海浬，以時速
16海浬可持續航行7200海浬。乘員3332名，艦尾搭載6架
水上飛機，最後武器裝備如下：

6

45口徑46公分3連裝砲塔：3座　　　60口徑15.5公分3連裝砲塔：2座

40口徑12.7公分連裝高角砲：12座　25公厘3連裝機銃：52座

25公厘單裝機槍：6座　　　　　　13公厘連裝機槍：2座

1945年4月7日在前往琉球支援作戰途中，受到美國海軍386架飛機（戰　機180架、轟炸機75架、
魚雷攻　機131架）猛烈攻擊後沉沒於鹿兒島坊之岬沖。由於「大和號」主砲的口徑和射程是當
時最大和最遠，威力勝過美國最大戰鬥艦，它的出現對美國太平洋艦隊造成嚴重威脅，所以美
國海軍出動大批戰機無論如何一定要將「大和號」炸沉。

◆小全張內含一款面值300西非法郎郵票，
圖案是未來的浮動都市：「海上都市」。小
全張圖案選用日本古代著名的船舶，左上是
「朱印船」（16世紀後期日本幕府時代，自
政府得到海外貿易特許的船隻，之所以梆為
朱印船，是因為這些船隻都有來自幕府簽發
的「朱印狀」。）、中上是「千石丸」（可以
載運千石米級的貨船，又稱為弁財船）、右
上是「日本遣唐使船」、右中是「押送船」、
右下是「咸臨丸」、左下是「琉球王國對明
朝的進貢船」。

❗ 咸臨丸於1855年7月在荷蘭起工，1857年就役，成為江戶幕府的第二艘洋式軍艦，配備3桅帆的
蒸氣船，全長49.7公尺、最大船幅7.3公尺，最大時速10公里，砲12門，1877年遇暴風雨沉沒。

1982
諾克斯維爾世界博覽會

英文：1982 World's Fair
主題：能源轉動世界
地點：美國諾克斯維爾
展期：1982/5/1～1982/10/31
參加國：22國
參觀人數：11,127,786 人次

　　1982年諾克斯維爾世界博覽會舉辦於美國部田納西州的諾克斯維爾，諾克斯維爾是田納西州的第三大都市，在2007年市區人口數有183,546人。會場原址就位於諾克斯維爾市區和田納西州大學之間的舊鐵路站場，會場面積為70英畝（約283,2476平方公尺），主題是「能源轉動世界」（Energy Turns the World）涵意為「能源係世界的原動力」。參加的國家有：澳洲、比利時、加拿大、中國大陸、丹麥、埃及、法國、希臘、匈牙利、義大利、日本、南韓、盧森堡、墨西哥、荷蘭、巴拿馬、祕魯、菲律賓、沙烏地阿拉伯、英國、美國及西德，共22國參展，而巴拿馬並未擁有自己的展示館空間，實際上是由一群加勒比海島國擁有。

　　由於1974年斯波坎世界博覽會辦得相當成功，為當地帶來實質的經濟和環保效益，諾克斯維爾的熱心公益人士就敦請市長籌備世界博覽會，得到不少市民的熱烈支持，因為他們也想效法斯波坎，將諾克斯維爾變成一個有知名度及新面貌的都市。

　　20世紀的70年代，美國經歷兩次石油危機，能源議題成為全美官方和民眾關注的焦點。全球經歷了數十年的能源短缺後，能源也成為國際社會深切思考的議題。諾克斯維爾地區是美國能源研究的中心，著名的田納西大學能源研究所設於當地，和橡樹嶺國家原子能實驗室、美國科學能源博物館毗鄰。主辦單位試圖透過本屆世博會對能源生產、利用、開發和管理等提出應對方法。時至今日，能源依然是全球最重大的議題之一，能源的爭取和擁有幾乎都直接或間接的牽涉到錯綜複雜的國際紛爭。

> **註** 第一次石油危機（1973年～1974年），又稱為1973年石油危機。由於1973年10月6日爆發第四次以色列和阿拉伯的戰爭（10月26日結束），石油輸出國組織中的阿拉伯產油國家為了對付以色列及支持以色列的國家，宣布石油禁運，暫停出口，造成油價大幅上漲。
>
> 第二次石油危機（1979年～1980年），又稱為1979年石油危機，發生於1979年至1980年代初期，當時原油價格從1979年的每桶15美元左右最高漲到1981年2月的39美元，主要原因是1980年9月22日爆發伊朗和伊拉克長達8年的邊境戰爭，兩國的原油日產量銳減，造成國際油價飆升。

　　為了展現主題，世博園區建造一個5000平方英尺的太陽能採集器，做為供應世博會建築物的空調和熱水所需能源。大部分國家的展示都與「能源」主題有關，日本展出的電腦用幾種語言來介紹與能源有關的議題，西德展示核子反應器的模型，沙烏地阿拉伯展示巨大的太陽能採集器，美國則介紹在能源研究、生產和節能方面所獲得的成果。

　　起初，許多人對諾克斯維爾舉辦世界博覽會抱著不樂觀的看法，有些人認為不可能如期舉行，另一些人則預測前往參觀者不多。經過7年的籌備，諾克斯維爾世界博覽會終於在1982年5月1日如期開幕，當天是週末，參觀人數比預期多。早上8點40分開門，門外已有幾千名參觀者等候。到了中午，世界博覽會園區聚集了87,000多人，等待雷根總統為世界博覽會開幕。參加開幕式的還有當時的第一夫人南希、美國國務卿、

商務部長、農業部長和國際展覽局官員，足以顯示政府當局對其重視。

　　其中最特別的展館為匈牙利館入口處所展出一顆大型的魯比克魔術方塊，推出不久，人們發現由小方塊組成的玩意實在是奧妙無窮，魔術方塊風靡全球，成為最受歡迎的智力遊戲玩具。

看郵票遊世博

美國「能源」郵票

美國在1982年4月29日為紀念諾克斯維爾世界博覽會，發行一款四方連郵票，面值皆為20分，郵票圖案的共同主題是能源。

1 圖案主題是「太陽能」（Solar energy）。

2 圖案主題是「合成燃料」（Synthetic Fuels），合成燃料指從煤炭和天然氣中轉化而來的液態燃料。

3 圖案主題是「滋生式反應器或增殖反應器」（Breeder reactor），也就是指核子反應器或核子反應爐所產生的核子動能。

4 圖案主題是「化石燃料」（Fossil fuels），化石燃料是一種碳氫化合物或其衍生物，包括天然資源的、煤炭石油和天然氣 等，化石燃料的運用可以產生能量使得工業大規模發展，替代水車所產生的能量。現今的共識：煤炭是古代植物所演變的化石礦物，石油和天然氣是古代生物所演變的化石及其衍生物。

煤做為燃料的使用方法有二：

1.將煤直接燃燒：由於直接燃燒時產生二氧化硫等污染物而造成環境污染，欲去除之需要昂貴的處理設備，因此除特殊情形外，現今直接燃燒煤炭的機會不多。

2.將煤轉變成合成燃料（synthetic fuels）：將煤轉變成合成燃料的好處是能產生很多類型的產品，能適應目前以石油及天然氣為基礎的工業。將煤轉變成合成燃料的主要方法，就是眾所周知的氣化與液化法。利用氣化法與液化法，可生產燃燒值低的燃料氣，及燃燒值較高的管道氣、氫、氨、木精與其他液態碳化物，又可以技術不太難的處理方法除去煤中所含的不良（或有害）成分（如硫）。

英國「能源」專題郵票

英國在1978年1月25日發行一套「能源」專題郵票，共四款。

1 面值9p辨士的主題是「石油」（OIL）、圖案是位於北海的產油平台。

2 面值10½p辨士的主題是「煤」（COAL）、圖案是煤炭坑口建築物。

3 11p辨士的主題是「天然瓦斯」（NATURAL GAS）、圖案是火焰。

4 13p辨士的主題是「電力」（ELECTRICITY）、圖案是核能發電廠及鈾的原子結構圖。

匈牙利

匈牙利在1982年6月4日發行一款郵票,紀念1982年6月5日在布達佩斯舉行的第一屆魔術方塊世界錦標賽,面值2Ft,圖案主題是選手正在旋轉魯比克方塊、背景是計時錶(以最少時間回復到每一面都是相同顏色者為冠軍)、右上印第一屆魯比克方塊世界錦標賽的標誌(紅、白、綠三色表示匈牙利的三色國旗)。

! 魯比克教授發明的魔術方塊(Rubik's Cube)

魔術方塊是一種變化多端的智力玩具,匈牙利布達佩斯建築學院的魯比克教授在1974年發明。當初他發明的動機,只是為了幫助學生認識立方體的組成和結構,而當做一種增強空間思維能力的教學工具。但要使那些小方塊可以隨意轉動而不散開,不僅是個機械難題,還牽涉到方塊的配色、軸心和榫頭等。直到魔術方塊製成、被握在魯比克的手中時,他將魔術方塊轉了幾下之後,才發現如何把混雜的顏色方塊回復到每一面都是相同顏色,竟然是個有趣而且難度頗高的傷腦筋問題,於是他就意識到這個新玩意將會不同凡響。1982年諾克斯維爾世博會的匈牙利館入口處,展出一顆大型的魯比克魔術方塊。推出不久,人們發現由小方塊組成的玩意實在是奧妙無窮,魔術方塊風靡全球,成為最受歡迎的智力遊戲玩具。

1984
路易西安那世界博覽會

英文：Louisiana World Exposition
主題：河流的世界：淡水乃生命之源
地點：美國路易西安那州的紐奧良市
展期：1984年5月12日～11月11日
參加國：26國
參觀人數：約734萬人

　　1984年路易西安那世界博覽會的主辦都市是美國路易西安那州的紐奧良市，會場面積84英畝。主題為「河流的世界：淡水乃生命之源」，共26國參展，展期為1984年5月12日至11月11日，參訪人數為734萬人。

　　此屆以流動的水波作為標誌，並以海洋生物為吉祥物，同時也是史上首隻世博吉祥物。此次主題目的是希望人們能重視水資源，了解水源並不是取之不盡、用之不竭。世博在展完後，當時直接的經濟收益並不可觀，但因留下的會議中心，竟讓紐奧良日後商務旅遊突然發展，而成為美國城市旅遊標竿。這也是到目前，美國史上主辦世博的最後一屆。

紀念路易西安那世界博覽會郵票

美國在1984年5月11日為紀念路易西安那世界博覽會，發行一款面值20分的郵票，圖案主題是「河流的野生動物」，最下緣印「Fresh water as a source of Life」即「淡水乃生命之源」之意。

1985
筑波科學博覽會

英文：The International Exposition, Tsukuba, Japan, 1985，簡稱為「TSUKUBA EXPO '85」
主題：人類‧居住‧環境和科學技術
地點：日本茨城縣筑波郡谷田部町
展期：1985年3月17日起～9月16日
總面積：101.6公頃
參加國：48國
參觀人數：20,334,727人

　　1985年在日本的筑波所舉辦的博覽會，會場在茨城縣筑波郡谷田部町（現今的筑波市御幸丘），展期自1985年3月17日起至同年9月16日為止，為期共184日的國際性博覽會。

　　博覽會的統一主題是「人類‧居住‧環境和科學技術（Dwellings and Surroundings - Science and Techonology for Man at Home）」含日本共有48個國家和37個國際機構參展。總入場者數20,334,727名，成為當時的特別博覽會史上最高入場者記錄。會場面積101.6公頃。

　　主會場於筑波，會場分成A、B、C、D、E、F、G等七個區。

　　值得注意的是，日本此屆的展出，也有不少的享受娛樂用的民生品展出，像是UCC上島珈琲的咖啡館，以及杜邦、德州儀器、拍立得相機等大企業組成的美國館。而在在A區的「HSST」（High Speed

Surface Transport），當時日本正在進行研究開發的磁浮鐵道在會場做展示運轉，雖然時速僅30公里，卻吸引大量的觀眾，成為整個會場中最有人氣的展示地點。

此屆世博，也出現了日本世博史上第一次的吉祥物——「宇宙星丸」，雖然根據可考資料，第一個世博吉祥物應是出現於1984年路易西安那世界博覽會上一隻長相類似唐老鴨，名為Seymour D. Fair的海洋生物。但真正成功發揮效用，讓吉祥物的出現不只拉近了世博與民眾的距離，更讓主辦國增添不少收入，卻是在「宇宙星丸」出現後所帶起的。

日本「國際科學博覽會」紀念郵票

日本在1985年3月16日（開幕前一天）發行「國際科學博覽會」紀念郵票兩款和小全張一款。

◆小全張內含上述兩款郵票，整體圖案中上處印筑波科學博覽會的標誌。

◆左圖：面值40日圓圖案的主題中左是象徵塔（高42公尺的透明建築物）、中右是日本政府展示的「主題館」、右上是筑波科學博覽會的標誌、左下是吉祥物——「宇宙星丸」。展示的主題是「人類・居住・環境和科學技術」，主題館含以「我們的國土」為主題的A館和以「我們的生活」為主題的B館等2棟、外表是玻璃帷幕建築物。

◆右圖：面值60日圓圖案的主題是從玻璃幕看筑波科學博覽會的各展示館。

匈牙利

匈牙利郵政（Magyar Posta）在1985年5月29日發行一套郵票共兩款，每款左上角印筑波科學博覽會的標誌。

◆左圖：面值2Ft圖案主題是當時日本正在進行研究開發的磁浮鐵道（Electro-magnetic High Speed Railway）。

◆右圖：面值4Ft圖案主題是芙蓉（FUYO）集團的「芙蓉機器人戲院」。

日本第一隻吉祥物的誕生

筑波科學博覽會的標誌以「宇宙」·「地球」·「人類」·「科學」·「藝術」等的象徵代表圖案來構圖,由田中一光繪作。

形狀是青色底的三角形內含1個白丸(白色圓形)和2個輪圈。三角形的頂點表示「筑波的各山」、3個角表示「人類」「居住」·「環境」、白丸表示「太陽」、2個輪圈表示「人類」和「科學」。

「宇宙星丸」日文稱為「コスモ星丸(ほしまる)」。自1981年至1982年、向日本全國的小中學生公開招募,選中當時住在愛知縣一宮市的北部中學校(相當台灣的國民中學)一年級女學生──高垣真紀(1985年時是高校一年級生)描繪未確認飛行物体(UFO即不名飛行物或俗稱之幽浮)的幻想圖、再由擔任評審委員和田誠加以修飾而成。當初暫時取名為「ピコちゃん」(pikochyang),後來經問卷調查才決定正式名稱。

◆日本在1984年2月10日為「國際科學博覽會」募款,發行一款附捐郵票,面值60＋10日圓,即購買時得付70日圓,其中60日圓做為貼信的郵資、10日圓做為募款,圖案左邊是筑波科學博覽會的標誌、右邊是吉祥物(mascot)──「宇宙星丸」。

蘇聯（CCCP）在1985年3月17日發行一套郵票共四款和一款小全張，圖案的左上角是蘇聯展覽館的標誌，中上印俄文「ЭКСПО 85」、「ЦУКУВА」即「博覽會‧85年」、「筑波」之意，右上角是筑波科學博覽會的標誌。

◆小全張內含一款面值50K郵票，圖案是蘇聯展覽館的標誌。

1 面值5K圖案主題是太空人在太空中漫步。

2 面值10K圖案主題是通訊用人造衛星。

3 面值20K圖案主題是替代能源發電計畫。

4 面值45K圖案主題是未來的住宅建築物模型。

1986
溫哥華世界博覽會

英文：1986 World Exposition on Transportation and Communication
主題：運輸與通訊：世界通聯——世界脈動
地點：加拿大溫哥華市
展期：1986年5月2日～10月13日
總面積：173英畝（0.7平方公里）
參加國：54個
參觀人數：22,111,578人

　　1986年世界運輸通訊博覽會是1986年5月2日至10月13日在加拿大溫哥華市舉行的世界博覽會。本屆世界博覽會舉行期間正值溫哥華的建市百周年紀念，也是加拿大繼1967年蒙特利爾世界博覽會之後，第二次主辦世博覽會。

　　本屆世界博覽會的主題是「運輸與通訊：世界通聯——世界脈動」，大部份展覽場館設於溫哥華市中心佛爾斯溪（False Creek）的北岸，而主辦國加拿大的展覽場館加拿大廣場則位於市中心另一端的布拉德內灣（Burrard Inlet）沿岸。

　　直至1970年代末期，佛爾斯沿岸約173英畝（0.7平方公里）的土地只是一片荒廢的工業用地。1978年，當時的不列顛·哥倫比亞省（British Columbia）康樂及保育部長鮑爾夫建議於1986年在這片土地上舉辦一個名為Transpo 86的博覽會，以慶祝溫哥華的建市百周年紀

念。建議書於1979年6月提交國際展覽局，而不列顛‧哥倫比亞省議會則在1980年通過Transpo 86公司法案，為籌辦博覽會鋪路。博覽會以運輸為主題，以反映溫哥華市成為加拿大西岸的最大港都以及重要交通樞紐的角色。

國際展覽局於1980年11月宣佈溫哥華申請舉辦成功。有見於此次盛事被定位為世界博覽會，其官方名稱也被改為86年世界博覽會。世界博覽會在1986年5月2日正式開幕，英國的威爾斯親王查理斯（Charles, Prince of Wales）、威爾斯王妃戴安娜（Diana, Princess of Wales）和加拿大總理梅隆尼（Prime Minister Brian Mulroney）共同主持開幕典禮。本屆世界博覽會共有54個國家以及多家機構參展，總計參訪人數為22,111,578人次。

儘管營運赤字高達31,100萬加拿大幣，本屆世界博覽會仍被看成是一次成功的盛事。因為86年世界博覽會振興了該省的觀光旅遊業，溫哥華的工商業更加繁榮，也從此成一個世界著名的港都。

◆溫哥華市區（Thom Quine.cc授權）

看郵票遊世博

加拿大

加拿大（Canada）在1986年3月7日發行一套紀念郵票，共兩款，圖案右下印「EXPO 86」即「1986年・溫哥華世界博覽會」的標誌，標誌以三個圓圈交會表示陸上運輸、海上運輸、空中運輸，然後加上短斜線，構成「86」數字表示1986年。

◆左圖：面值34分的主題是加拿大展示館，以英文Canada Pavillion 法文Pavillon du Canada 及Vancouver（溫哥華）印在圖案左上，另外加印9行4排共36個紅色的小楓葉片（象徵加拿大的國徽）。加拿大展示館的建築外形像一艘巨大的海洋船舶，屋頂有五對白帆。

◆右圖：面值39分的主題是通訊，以Communications（英文、法文拼字相同）及Vancouver（溫哥華）印在圖案左上。圖案左下印撥轉盤式的電話對講機、中間印收發電訊的碟型天線（dish antenna俗稱大耳朵）、右側印通訊人造衛星，然後加印象徵電波的紫色圓圈。

加拿大在1986年4月28日發行一套紀念郵票，共兩款，圖案右下印「EXPO 86」即「1986年・溫哥華世界博覽會」的標誌

◆左圖：面值34分的主題是溫哥華世界博覽會中心，以英文Expo Centre、法文Centre Expo及Vancouver（溫哥華）印在圖案左下。

◆右圖：面值68分的主題是運輸，以英文Transportation、法文Transports及Vancouver（溫哥華）印在圖案左下。圖案左中印溫哥華的市街電車、中間以銀色印最早的蒸汽車、右側印當時新建的捷運系統一跨坐式的電力列車。

加拿大在1986年6月27日發行一套紀念加拿大國家日郵票,以四方連方式印成,面值皆為34分,配合當年溫哥華世界博覽會的主題——運輸,圖案主題選用加拿大發明、製造的運輸設備的設計藍圖。

方連下面邊紙上版銘的左連印英文「Issued to celebrate」、「Canada Day 1986」、「SCIENCE AND TECHNOLOGY–1」、「Canadian Innovations」、「Transportation」,右連印法文「Émission célébrant」「la Fête du Canada de 1986」、「SCIENCES ET TECHNOLOGIE–1」、「Innovations canadiennes」「Transports」即「發行慶賀」、「1986年加拿大日」、「科學和技術–1」、「加拿大的發明」、「運輸」之意。

1 左上圖案主題是1869年多倫多牙醫師——依利佑Toronto dentist, J.W.Elliot發明「鐵路專用的迴轉式鏟雪機」。

2 右上圖案主題是1986年發明「太空梭用的加拿大機械臂」。

3 左下圖案主題是1938年發明「飛行員專用的抗壓力飛行裝」,左下是英國製造、1938年8月4日起正式就役的噴火式戰鬥機。

4 左下圖案主題是1923年發明「飛機用的可變螺距螺旋槳」,左下是當年裝置可變距螺旋槳的雙層翼螺旋槳飛機。

巴貝多

位於加勒比海的巴貝多（Barbados）在1986年5月2日發行一套紀念郵票，共兩款。

◆面值50C分的主題是「穿越加拿大航空公司的北星式」（Trans-Canada'North Star'）客機，背景是北、中美洲地圖，左上印「1986年‧溫哥華世界博覽會」的標誌。

❗ 北星式是加拿大飛機公司（Canadair Aircraft Ltd.）引用美國道格拉斯DC-4型客機、將發動機換成英國製的羅爾斯‧羅伊斯——梅爾林發動機（Rolls-Royce Merlin engines），可以增加35英里（約56公里）的巡航時速，原型機在1946年7月15日試飛成功，至1955年共生產了71架，由於構造堅固耐用，北星式的載貨機型一直用到1980年代，性能如下：

工作組員7名，載客44名或載重5216公斤，機身長28.89公尺、機翼展幅35.81公尺、高8.38公尺，最快時速568公里、巡航時速523公里。

◆面值2.50圓的主題是「內爾生女士號」（Lady Nelson）動力船，右上印「1986年‧溫哥華世界博覽會」的標誌。

❗「內爾生夫人號」是加拿大國家汽船公司（Canadian National Steamships）所屬五艘夫人級（Lady class以英國著名海軍將領命名）汽船的第一艘，總噸位7970噸，航行於加拿大東部的哈利法克斯（Halifax）至英國所屬的西印度群島（West Indies包含巴貝多），1928年12月12日自哈利法克斯港首航出發，1942年3月在聖路西亞島的聖加斯垂斯港（Harbor of Castries, St. Lucia）被德軍潛艇的魚雷擊中而擱淺港內，不久被揚升後拖到美國阿拉巴馬州的莫比爾（Mobile, Alabama）大修改裝成醫院船（hospital ship）。1943年4月再度下水，隸屬於加拿大醫療團，往返於英國和加拿大，1946年4月改為運輸船，將在英國的加拿大服役軍人和眷屬運送回國。

1947年8月又回到前往西印度群島和英屬幾亞那（British Guiana位於南美）的航線上營運，直到1952年底退役，1953年賣給埃及的克雷蒂維亞郵輪公司（Kledivial Mail Lines）。

捷克斯拉夫

位於中歐的捷克斯拉夫在1986年1月23日發行一款郵票，面值4Kčs，圖案左側印「EXPO'86 VANCOUVER」即「世界博覽會‧1986年‧溫哥華」之意，上方印捷克斯拉夫製造的「Z 50 LS」單翼輕型飛機、右下印1855年製造的蒸汽機關車「Kladno」號、襯底是公元前5到6世紀在撒拉沙漠岩石上的刻畫──三批馬拉的車」。

香港

香港（HONG KONG）在1986年7月18日為紀念溫哥華世界博覽會發行一套郵票，共四款，圖案右下印溫哥華世界博覽會的標誌EXPO 86、襯底是世界地圖。

> **註** 克拉德諾（Kladno）在首都布拉格西北方約25公里，捷克重工業的發祥地。

1 面值50分的圖案主題是「運輸」（Transport），最上印國泰航空公司的波音747型噴射客機、中間印香港的地下鐵路列車。

2 面值1.30圓的圖案主題是「金融」（Finance），中間印香港的國際金融高樓群。

3 面值1.70圓的主題是「貿易」，碼頭的貨櫃工作機正在裝卸貨櫃和貨櫃載運船。

4 面值5圓的主題是「通訊」，中間印收發電訊的碟型天線（即俗稱的大耳朵）。

蘇聯

蘇聯在1986年3月25日為紀念溫哥華世界博覽會（標誌EXPO 86印在圖案右上方）發行一款郵票，面值20K，圖案的中下是蘇聯展覽館的標誌、印英文「USSR EXPO'86」即「蘇聯‧博覽會‧86年」之意，左側印俄文「世界博覽會‧86年‧溫哥華」之意，主題是蘇聯的太空站在地球的上方軌道繞行。

越南

越南在1986年為紀念溫哥華世界博覽會（VANCOUVER'86印在圖案右下邊），發行一套以舊式螺旋槳飛機主題的郵票，共七款。

1 面值1d圖案主題是Curtiss–Jenny「柯提斯‧珍妮」式。

! 美國柯提斯工廠製造的雙座雙層主翼練習機，JN-4D型的機身長8.33公尺、機翼幅寬13.3公尺、高3.01公尺，最快時速121公里，1915年7月就役，第一次世界大戰結束後在民間市場出售，部分做為載運航空郵件的運輸機。

2 面值1d圖案主題是Hart–Hawker「哈特‧鷹」式。

! 英國的雙座雙層主翼輕型轟炸機（British two-seater biplane light-bomber），1928年6月首次飛行，機身長8.94公尺、機翼幅寬11.36公尺、高3.18公尺，最快時速298公里、行程692公里，裝備向前射的機槍一挺（口徑7.7厘米）、後座也有一挺（口徑7.7厘米），載彈量227公斤。

3 面值2d圖案主題是PZL.P23式。

! 波蘭的輕型轟炸機和偵察機（Polish light bomber and reconnaissance aircraft），1936年就役，機員三位，機身長9.68公尺、機翼幅寬13.95公尺、高3.3公尺，最快時速304公里、行程1260公里，裝備三挺機槍（口徑7.92厘米），載彈量700公斤。

◆面值3d圖案主題是Fokker Dr.1式。

❗ 福克飛機工廠（Fokker-Flugzeugwerke）製造、德軍使用的單座三層主翼戰鬥機，1917年7月15日初次飛行，機身長5.77公尺、機翼幅寬7.2公尺、高2.95公尺，最快時速185公里、行程300公里，裝備向前射的機槍兩挺（口徑7.92厘米），最初在空戰中曾擊落不少英、法國戰鬥機。

◆面值3d圖案主題是Yak–11式。

❗ 蘇聯的亞克11式雙座練習機，1945年11月10日初次飛行，機身長8.2公尺、機翼幅寬9.4公尺、高3.28公尺，最快時速460公里、行程1250公里，裝備向前射的機槍一挺（口徑7.62或12.7厘米），載彈量200公斤。

◆面值5d圖案主題是Boeing P–12式。

❗ 美國波音飛機公司製造的追擊機（pursuit aircraft），1929年初次飛行，機身長6.19公尺、機翼幅寬9.14公尺、高2.74公尺，最快時速304公里、行程917公里，裝備向前射的機槍兩挺（口徑7.62厘米），載彈量111公斤。

◆面值5d圖案主題是ND.29C1式。

❗ 紐波．德拉記（Nieuport-Delage）工廠製造、法國使用的單座雙層主翼戰鬥機，1918年初次飛行，機身長6.49公尺、機翼幅寬9.7公尺、高2.56公尺，最快時速235公里、行程580公里，裝備向前射的機槍兩挺（口徑7.7厘米）。

肯亞

位於東非的肯亞在1986年6月11日為紀念溫哥華世界博覽會
（EXPO 86 VANCOUVER [CANADA] 印在圖案左上方），發行一
套以交通和通訊為主題的郵票，共五款，每款印展期「2ND
MAY-13TH OCT 1986」即「1986年5月2日至10月13日」。

1 面值1/西令主題是「A RURAL POST OFFICE」即「鄉間的郵
局」之意，右前方是公共電話（TELEPHONE）亭。

2 面值3/西令圖案主題是「CONTAINER DEPOT-EMBAKASI」即「恩巴
加西貨櫃場」之意，大型起重機正在裝卸貨櫃。

3 面值5西令圖案主題是「COMMUNICATION AND TOURISM」即「交
通和觀光」之意，一架小型商用飛機正降落於機場的跑道。

4 面值7/西令圖案主題是「EXPORTING GOODS BY SEA」即「以海運輸
出貨物」之意，一艘大型貨櫃船在海上航行。

5 面值10/西令圖案主題是「TRANSPORTION OF RURAL PRODUCE」即
「鄉間產品的運輸」之意，一輛小貨車正在裝運蔬菜。

註 恩巴加西位於首都奈洛比（Nairobi）的郊區，當地貨櫃場屬於內陸貨櫃場。

1990
大阪花和綠世界博覽會

英文：The International Garden and Greenery Exposition, Osaka, Japan, 1990
主題：自然和人類的共生
地點：日本大阪
展期：1900年4月1日～9月30日；共183天
總面積：140公頃
參加國：83國
參觀人數：23,126,934人

　　國際花和綠的世界博覽會簡稱為「花之萬博」，主題為「自然和人類的共生」，主要定位是博覽會國際事務局（BIE）認定的特種國際博覽會、以及國際園藝家協會（AIPH）的大國際園藝博覽會。

　　它的展期由1990年3月31開始，日本皇太子德仁親王親自蒞臨會場宣佈花之萬博（花の万博）開幕，一般公開參觀則從1900年4月1日至同年的9月30日；共183天。參展單位包含日本在內共有83個國家和55個國際機關、212個企業及團體參展。總入場數為23,126,934名，創下特種博覽會史上的最高記錄。

　　會場所在地跨越大阪府大阪市鶴見區和守口市的鶴見綠地，面積140公頃，原是一片垃圾掩埋場，將之進行復育再利用，並闢為永久性休閒公園，真正達成土地再造。此屆博覽會不只為當地居民提供一片美麗的綠色新空間，展期所得到的收益也相當可觀，深得外界讚賞。

會場內分為「原野之區」、「街之區」、「山之區」三大展示區：

◆「原野之區」內有位於會場中央的大池「生命之海」、佔地兩公頃的「花之谷」和「花棧敷」、國際展示水之館、國際展示光之館、國際展示大地之館等。

◆「街之區」有企業出展的大規模展示館、飲食店、遊樂場（有27款遊樂設施）等建物，三大展示區中面積最大的一區，平均吸引了八成的入場參訪者。

◆「山之區」設有花之萬博主題館——「政府苑」、國際陳列館、異國色彩豐富的「國際庭園」、「故里之庭」（日本各都道府縣出展的庭園）和多間企業的展示館等。

國際花和綠的世界博覽會紀念郵票

日本在1990年3月30日發行兩款「国際花と綠の博覽會記念」郵票，面值41＋4日圓，附捐在日文稱為「寄附金付」，圖案主題是坐在花朵裡的花仙子，面值62圓的圖案主題是一株綠樹和一輛腳踏車、背景是青山。

1992
塞維爾世界博覽會

英文： The Universal Exposition of Seville（EXPO'92）
主題：發現的時代
地點：西班牙塞維爾
展期：1992年4月20日～10月12日
總面積：215公頃
參加國：110國
參觀人數：41,814,571人

　　塞維爾是西班牙西南部的政治、金融、藝術和文化中心，也是西班牙安達魯西亞自治區和塞維利亞省的首府，2009年統計的市區內人口數704,414，2009年統計的大都會區人口數約150萬是西班牙第四大都市。瓜達基維爾河穿過市區後，流入大西洋。由於船隻可以從瓜達基維爾河的出海口溯流通行至塞維爾，當哥倫布發現前往新大陸的航路以後，西班牙的船隊從新大陸運回來大批黃金、白銀，經過塞維爾轉運到歐洲各地，塞維爾成為繁榮的河港和金融重鎮，也因此累積了大量的財富。直到17世紀中期因受到鼠疫所引起的黑死病波及，經濟開始衰退，加上瓜達基維爾河淤積，船運受阻後，塞維爾就失去榮景。

　　1992塞維爾世博是第二次世界大戰結束後，繼1958年布魯塞爾世界博覽會、1967年蒙特利爾世界博覽會、1970年大阪世界博覽會之後，第四次的綜合性大規模世界博覽會，也是20世紀最後一次的大規

模世界博覽會。展期自1992年4月20日開始,至當年10月12日結束,共176天,主題為「發現的時代」,共計41,814,571人次進場參觀。申請主辦世界博覽會的原因是紀念偉大的航海家——哥倫布(Cristoforo Colombo,1451年8月或10月~1506年5月20日)在1492年8月3日從西班牙出發,率領三艘帆船發現新大陸的五百周年,博覽會在10月12日閉幕也就是紀念哥倫布登陸聖薩爾瓦多島(San Salvador Island)的日子,會場設在瓜達基維爾河(Guadalquivir)的河中島——隱士修道院島(在西班牙文原意是指隱士修道院),會場用地215公頃。110個國家參展,建造了101座展示館,其中87座是國家展示館。

幾內亞

幾內亞共和國在1985年12月18日發行一套哥倫布紀念郵票及一種小全張,圖案主題是哥倫布率領的三艘帆船。

◆小全張中含一枚郵票面值50S:LA NIÑA號,左邊是哥倫布畫像。郵票上方是哥倫布船隊的航路圖,下是去程、上是回程;郵票下方是哥倫布的船隊航行兩個月後,在1492年10月12日登陸小島的想像圖。

1 面值10S：LA PINTA（西班牙文「點滴」之意）號，左邊是哥倫布畫像。

2 面值20S：LA SANTA MARIA（「聖瑪利亞」之意）號，左邊是船長室。

3 面值30S：LA NIÑA（西班牙文「女生」之意）號，左邊是方位板。

4 面值40S：LA SANTA MARIA號，左邊是1492年10月12日在「點滴號」瞭望台的船員發現陸地後大聲呼叫：「陸地」。

　　自從1983年確定取得1992年世界博覽會主辦權，西班牙政府就投入鉅資從事有關世界博覽會的各項建設，其中最大手筆的建設就是興建從首都馬德里到塞維爾的高速鐵路（簡稱AVE是「高、速、西班牙的」三個字詞的頭字母），路線長471公里，成為西班牙的第一條高速鐵路。在世界博覽會開幕前一星期，即1992年4月14日舉行全線通車典禮，4月21日開始商業運轉，1994年行車時速提升到300公里，中途停靠「皇室城市」、「平直通道」和「科多巴」三站行車時間縮減成兩個半小時，如果中途不停靠、直達車則只需2小時15分。

西班牙鐵路一百五十周年紀念郵票

西班牙在1998年發行一款西班牙鐵路一百五十周年紀念郵票,面值35比塞塔,圖案左方是西班牙第一條鐵路使用的第一輛蒸汽機關車,右方是西班牙高速鐵路使用的S-101型Euromed電力列車,在1997年6月16日起開始商務運轉,最高時速220公里。

> 註 第一條鐵路在1848年興建,由西班牙東部的最大港都巴塞隆納(Barcelona)通到瑪塔羅
> (Mataró在巴塞隆納的東方),路線長29公里。

看郵票遊世博

捷克斯拉夫

位於中歐的捷克斯拉夫在1992年4月2日發行一款郵票,面值4kcs,圖案上方印「EXPO'92 SEVILLA」即「世界博覽會·1992年·塞維爾」之意,中間是塞維爾聖母馬利亞主教座堂的「希拉爾達」(Giralda)鐘塔,天主教塞維亞總教區的主教座堂。它是世界最大的哥德式主教座堂之一,以體積計算是世界第四大教堂,1987年列為世界文化遺產。1402年開始建造,直到1519年完成。「希拉爾達」鐘塔高97.5尺,當完工時,曾經是世界最高的塔,裝飾極為華麗。這座教堂的興建證明了塞維爾的財富實力,以及曾經擁有的重要貿易中心地位。

西班牙

西班牙在1981年11月26日發行一套航空郵票，其中一款面值13比塞塔的圖案主題是位於塞維爾的西班牙廣場，圖案的左下印「EXPOSICION IBEROAMERICANA1929 SEVILLA」即「塞維爾1929年的伊比羅美洲展覽會」之意，該展覽會是西班牙邀請拉丁美洲國家參展，展覽場所就是在西班牙廣場的建築物。

西班牙在1987年1月21日發行一套宣傳「1992年塞維爾世界博覽會」郵票共兩款， 面值19比塞塔的圖案上方印1992年塞維爾世界博覽會的標誌「EXPO'92 SEVILLA」、中間主題：以幾何圖形構成的會場建築、中下印一行西班牙文「EXPOSICION UNIVERSAL SEVILLA 1992」即「1992年塞維爾世界博覽會」之意， 面值48比塞塔的圖案主題是從月球表面看地球。本次世界博覽會的主題「LA ERA DE LOS DESCUBRIMIENTOS」（發現的時代）則印在圖案邊框外的左下。

西班牙在1988年4月12日發行一套宣傳「1992年塞維爾世界博覽會」郵票共兩款， 面值8比塞塔的圖案上方印地球、兩側印通往地球之路、中間印七彩光束， 面值45比塞塔的圖案右半部印地球、左半部印1492年哥倫布使用的航海羅盤、襯底印七彩光束。

西班牙在1991年2月12日發行一套宣傳「1992年塞維爾世界博覽會」附捐郵票共四款，1992年塞維爾世界博覽會的標誌和各款郵票的主題名稱印在圖案的左下處。

1 面值15＋5比塞塔的主題是「隱士修道院」。

2 面值25＋5比塞塔的主題是「階梯式圓弧形劇場」，位於瓜達基維爾河畔，在隱士修道院橋之旁。

3 面值45＋5比塞塔的圖案主題是「隱士修道院橋」跨越瓜達基維爾河通到隱士修道院島的橋，為本次博覽會在1991年興建，長235公尺、寬11公尺。

4 面值55＋5比塞塔的圖案主題是「巴克塔橋」。

西班牙在1990年2月22日發行一套宣傳「1992年塞維爾世界博覽會」附捐郵票共四款，圖案的左上或右上印1992年塞維爾世界博覽會的標誌，主題是在宣揚1992年世界博覽會的吉祥物「古里歐」（CURRO MASCOTA EXPO '92印在圖案邊框外的左下）。

1 面值8＋5比塞塔的圖案是「古里歐」俯瞰世界博覽會的會場。

2 面值20＋5比塞塔的圖案是「古里歐」參觀位於隱士修道院島上的岩洞聖瑪利亞修道院，哥倫布曾在該修道院計畫前往印度的西向冒險航行。1840年英國商人買下被廢棄的修道院，改建為陶瓷器工廠，持續到1982年生產瓷磚。1964年被宣佈為國家紀念建築物，為了本次博覽會吸引遊客而進行修復，1997年改為當代藝術和陶藝博物館。

3 面值45＋5比塞塔的圖案是跨越瓜達基維爾（Guadalquivir）河通到世界博覽會會場的巴克塔橋，為本次博覽會在1988年興建，長214公尺、寬21.4公尺。

4 面值50＋5比塞塔的圖案是眺望「發現運河」河畔的世界博覽會會場，「發現運河」在「隱士修道院橋」旁注入瓜達基維爾河。

西班牙在1989年2月9日發行一套宣傳「1992年塞維爾世界博覽會」附捐郵票共四款。

1 面值8＋5比塞塔的圖案主題是1851年倫敦世界博覽會的主要會場館——水晶宮、背景是地球上標出哥倫布的旗艦「聖瑪利亞」號（Santa María）向西航行路線。

2 面值8＋5比塞塔的圖案主題是1889年巴黎世界博覽會的地標建築——埃菲爾鐵塔、背景是地球上標出4條緯度線。

3 面值20＋5比塞塔的圖案主題是1958年布魯塞爾世界博覽會的地標建築——原子模型塔、背景是地球上標出8條經度線和8條緯度線。

4 面值20＋5比塞塔的圖案主題是1970年大阪世界博覽會的地標建築——太陽之塔、背景是整個地球標滿了經度線和緯度線。

圖案邊框外的左下印「EXPOSICIONES UNIVERSALES」即「各次世界博覽會」之意。

◆西班牙在1992年2月14日發行一款宣傳「1992年塞維爾世界博覽會」郵票，面值25比塞塔，圖案主題是小朋友的畫（DISEÑO INFANTIL在圖案的左下處）。

◆西班牙在1992年2月28日發行一款宣傳「1992年塞維爾世界博覽會」郵票，面值27比塞塔，圖案主題是西班牙展示館（PABELLÓN DE ESPAÑA在圖案的左下處）。

◆西班牙在1992年4月21日發行一款宣傳「1992年塞維爾世界博覽會」小全張，內含一枚郵票，面值17＋5比塞塔，圖案主題是16世紀的塞維爾景觀圖，圖案邊框外的左下印「SEVILLA, SIGLO XVI」即「16世紀的塞維爾」之意。

迦那

迦那（Ghana）發行一套鐵路專題郵票，其中一款面值C1000，圖案主題是第一代的西班牙高速鐵路列車，最下元印「SPAIN:AVE 100 CLASS BUILT BY GEC-ALSTHOM 1992」即「西班牙高速鐵路100級由通用電力——阿爾斯通公司製造」之意，100級列車最高時速300公里，可搭載392名乘客。

波蘭

波蘭（POLSKA）在1992年5月3日為紀念塞維爾世界博覽會，發行四款郵票（共發行200萬套）及一款小全張，主題是波蘭的偉人及其簽名。

1 面值2500 zł圖案主題是「先基維茨」（Henryk Sienkiewicz，1846年5月5日～1916年11月15日），波蘭的長篇小說作家，獲得1905年的諾貝爾文學獎。圖案左上印《QUO VADIS ?》是「先基維茨」的歷史小說名作，中文譯為《你往何處去》，時代背景是羅馬帝國尼祿皇帝統治時期基督徒受到政治迫害，描寫公元64年一位出身貴族的軍政保民官——馬古斯（Marcus Vinicius）愛上一位美麗的虔誠基督徒女子——莉佳（Ligia），所發生的偉大愛情故事。

! 在1895年出版後，英、美教會人士認為《你往何處去》是一本令人感動和鼓勵基督徒的書，對於宣揚基督福音助益良多。根據1905年諾貝爾文學獎的〈頒獎辭〉，《你往何處去》在出版一年內英文譯本僅英、美兩國就銷售了80萬冊。1901年估計，本書在英、美國已銷售了200萬冊。到了1905年「先基維茨」獲得諾貝爾文學獎時，《你往何處去》已經出現三十幾種語言的翻譯本。

而《QUO VADIS ?》是拉丁文，亦即英文的「Where are you going?」出自新約聖經中約翰福音13篇36節〔New Testament verse（John 13:36）〕：「Simon Peter said unto him, Lord, whither goest thou? Jesus answered him, Whither I go, thou canst not follow me now; but thou shalt follow me afterwards.」（中文譯本：西門彼得問耶穌說、主往哪裡去？耶穌回答說、我所去的地方、你現在不能跟我去，後來卻要跟我去。）當中的「whither goest thou?」是古典英文，也就是現代英文的「Where are you going?」

2 面值3500 zł圖案主題是「居禮夫人」。圖案的左上印「88」係表示「鐳」的原子序數，中上印「Rad」係表示吸收放射線量的單位名稱（radiation absorbed dose的簡稱），中間印「Ra」係表示「鐳」的化學元素符號，中左印「226,0205」係表示「鐳」的原子量、「s2」係表示「鐳」的電子配置（英文: Electron configuration）即s軌道上的電子數。「鐳」是1898年居禮夫人和他的丈夫皮耶‧居禮在捷克的北波希米亞（North Bohemia, in the Czech Republic）發現，鐳的原文拼音字Radium即放射性的意思。

! 居禮夫人（Maria Skłodowska Curie，1867年11月7日～1934年7月4日），常被稱為瑪麗‧居里或居里夫人，波蘭裔法國籍女物理學家、放射化學家。1903年和丈夫皮耶‧居禮（Pierre Curie）及亨利‧貝克勒（Henri Becquerel）共同獲得諾貝爾物理學獎，1911年又因放射化學方面的成就獲得諾貝爾化學獎。

3 面值2000 zł圖案主題是「蕭邦」（Fryderyk Chopin），圖案背景印鋼琴的黑白琴鍵，表示「蕭邦」是一位鋼琴演奏家和音樂家。

❗ 蕭邦1810年2月22日（依出生受洗證書記載）生於華沙的近郊村莊，1849年10月17日於巴黎去逝。父親是法國人（教法語的老師），母親是波蘭人，但是蕭邦卻一直將波蘭認為自己的祖國，波蘭人也引他以為傲，將蕭邦視為民族英雄而十分敬仰，因此得到愛國鋼琴詩人的尊稱。

4 面值1500 zł圖案主題是「哥白尼」（Mikołaj Kopernik），圖案中央印橘黃色圓圈●即象徵太陽。圖案上的簽名是他的拉丁文姓名：Nicolaus Copernicus。

❗ 哥白尼生於1473年2月19日～卒於1543年5月24日，波蘭的天文學家，首位提出太陽為中心論述（即地球繞太陽運行）的歐洲天文學家，被公認為他著的《天體運行論》是現代天文學的起點。

◆小全張面值5000 zł圖案主題是「奮克」。郵票圖案右下印●Vit. B表示維生素B（音譯為維他命B），小全張的上方印「EXPO' 92 SEVILLA」即「世界博覽會‧1992年‧塞維爾」之意，下方印「ERA ODKRYĆ」即「發現的時代」之意，右下印「0119216」即限量發行的控制序號（共發行130萬張）。

❗ 奮克（Kazimierz Funk，1884年2月23日～1967年11月20日），著名生物化學家。主要的貢獻是在1912年明確地闡述維生素的概念以及強調維生素對人體的重要性。1912年，他成功的分離出治療腳氣病的有效成分。因為此款物質含有氨基，所以被他命名為vitamine，是將拉丁文的生命（Vita）和氨（-amin）結合而造出的名詞，在中文中被譯為維生素或維他命。後來他提取出來的物質被稱為硫胺或維生素B1。

奮克又發展了認為維生素還可以治療痀僂病、糙皮病等的理論。Vitamine如今被拼成Vitamin，是因為後來發現的維生素中很多並不含有氨基。奮克認定了當時存在的幾款營養物質，如維生素B1、維生素B2、維生素C及維生素D。奮克在1936年確定了硫胺的物質結構，之後又最先分離出了煙酸（Niacin維生素B3）。

羅馬尼亞

羅馬尼亞郵政在1992年9月1日為紀念塞維爾世界博覽會，發行六款郵票，主題選用羅馬尼亞人在科技方面的成就，圖案的上方印「EXPO'92 SEVILLA」、「ERA DESCOPERIRILOR」即「世界博覽會‧1992年‧塞維爾」、「發現的時代」之意，同案中散佈著象徵羅馬尼亞國旗的藍、黃、紅三色條紋。

1 面值6LEI圖案主題是「黑水鎮的沉思者塑像」。在黑水鎮出土的新石器時代塑像，外表光滑明亮，推定為公元前5000到公元前3000年的古文明藝術品。

2 面值7LEI圖案主題是「在德羅貝塔的特拉延橋」。

! 德羅貝塔市（人口約10萬多）位於羅馬尼亞西南角和塞爾維亞交界處，在多瑙河鐵門峽的下流，最初被羅馬人稱為Drobetae，後來因為在多瑙河北岸建了一座塔，所以又稱為北塔（Turnu Severin）。羅馬帝國皇帝「圖拉真」（Trajan）為了修築一條補給路線以支援在達其亞（Dacia現今的羅馬尼亞）作戰的羅馬軍團，因而下令建造第一座跨越多瑙河的大橋。由出生於敘利亞大馬士革的工程師「阿波羅多魯斯」（Apollodorus of Damascus）設計和監工，以20座石造橋墩為基座，橋墩間隔的跨幅38公尺以木造拱弧連結，施工期間從公元103至105年，只費了3年期間就完工，全長1135公尺（跨越多瑙河的橋段800公尺）、寬15公尺、離水面高19公尺，在橋的兩端建造堡壘式塔樓，派兵駐守，在當年是羅馬帝國最浩大、最艱鉅的工程，也是世界最長的橋。羅馬帝國皇帝「奧勒良」（Lucius Domitius Aurelianus，在位期間公元270～275年）將部隊從達其亞撤回後，下令摧毀特拉延橋。到了1856年，多瑙河的水位創下最低記錄，人們看到20座石造橋墩露出水面。1906年，多瑙河國際委員會決定摧毀其中阻礙航運的兩座橋墩。1932年還測到水中的16座橋墩，但是到了1982年考古學家只能標出12橋墩的位置，其他的4座可能被大水沖毀了，至今仍然可以看到橋頭的塔樓遺跡矗立在多瑙河的兩岸。

3 面值50LEI圖案主題是「特來安‧夫亞發明的第一架飛機」。

! 特來安‧夫亞（1872年8月17日～1950年9月3日），1906年3月18日在巴黎郊外，親自操控第一架單翼飛機，在地面加速滑行50公尺後騰空，飛行高度達1公尺、距離達12公尺，繼1903年萊特兄弟的第一架動力飛機後，試飛成功的第一架單翼飛機，因為裝了四個腳踏車輪，所以特來安‧夫亞把它稱為飛機車。

4 面值55LEI圖案主題是「赫曼‧歐伯特設計的三節式火箭」，郵票上印Herman Oberth，而正確拼字是Hermann Oberth。

⑤ 面值10LEI圖案主題是「水車磨坊和水平式的槳輪」。

⑥ 面值25LEI圖案主題是「在黑水鎮的沙利尼鐵路橋」。

！ 原名加羅爾一世國王橋（Podul Regele Carol I）在1890年至1895年興建，紀念當時在位的

⑤　⑥

國王（1839年4月20日～1914年10月10日去世，1866年5月10日即位），後來以設計師之名改為沙利尼橋。位於費特績提（在左岸）鎮和黑水（在右岸）鎮之間，橋全長4087公尺，其中1662公尺跨越多瑙河、920公尺跨越泊齊亞河（Borcea），由羅馬尼亞的工程師沙利尼（Anghel Saligny，1854年4月19日～1925年6月17日）設計，為了讓大型船舶通過，橋面離河面30公尺，因為是鐵路橋必須承受鐵路列車通過時的更大壓力，所以在橋面上架設大拱架，跨越多瑙河的部份分成5個跨幅，其中4個是140公尺、最中間的1個190公尺。1895年9月26日由加羅爾一世主持通車啟用典禮，當天也舉行快速試車，列車以時速85公里安全通過，當時被列為歐洲最長的橋，全世界排名第三。本橋使用了一世紀後，以安全考量為理由而停用，在1987年被新造的鐵路橋取代。

羅馬尼亞郵政在1989年10月25日為紀念登陸月成功二十周年，發行一套航空郵票共六款，其中三款的主題就是上述三位火箭方面的先行者，圖案右邊印「POSTA AERIANA」即「航空郵政」之意。

①　②　③

① 面值1.50LEI圖案是「齊沃科夫斯基」講解火箭在地球軌道運行。

② 面值2LEI圖案是「赫曼‧歐伯特」講解方程式。

③ 面值3LEI圖案是「高達德」講解地球和月球間的關係。

◆羅馬尼亞郵政在1978年12月18日發行一套航空史專題郵票，紀念1903年萊特兄弟的第一架動力飛機試飛成功七十五周年，其中一款面值3.40 LEI圖案左方是「特來安‧夫亞」頭像、右方是「特來安‧夫亞」操控第一架單翼飛機正要騰空、左上印飛行日期1906年3月18日（18‧III‧1906）。

柬埔寨

柬埔寨在1992年為紀念塞維爾世界博覽會，發行一套以發明家為主題的郵票，共五款。

1 面值5R圖案主題是謝爾瓦。

! 謝爾瓦（Juan de la Cierva，1895年9月21日～1936年12月19日，西班牙人）發明的自轉迴旋翼飛機他發明的第四架C.4在1923年1月31日首次公開試飛，以三分半完成4公里的環繞飛行、高度25公尺。

2 面值15R圖案主題是愛迪生。

! 愛迪生（T.A.Edison，1847年2月11日～1931年10月18日，美國人）在1879年發明的白熱電燈。

3 面值1500R圖案主題是貝爾。

! 貝爾（A.G.Bell，1847年3月3日～1922年8月2日，蘇格蘭出生的美國人）在1876年發明的電話機。

4 面值80R圖案主題是摩斯。

! 摩斯（S. Morse，1791年4月27日～1872年4月2日，美國人）在1837年發明的電報機。

5 面值40OR圖案主題是蒙土里奧。

! 蒙土里奧（N.Monturiol，1819年9月28日～1885年9月6日，西班牙人）發明的「伊克提內歐2號」潛水艇（Sous-marin Ictineo II）。

蒙土里奧於1859年9月在巴塞隆納海港首度操控他所製造的第一艘潛水艇「伊克提內歐I號」（長7公尺、寬2.5公尺、深3.5公尺，排水量10噸）。「伊克提內歐2號」潛水艇（Ictineo I長14公尺、寬2公尺、深3公尺，排水量46噸）在1865年5月20日以人力做首航下潛深度為30公尺。

1993
南韓大田國際博覽會

英文：The Taejon International Exposition, Expo 1993
主題：新發展之路的挑戰
地點：南韓大田市
展期：1993年8月6日～11月7日
總面積：90.1公頃
參加國：108
參觀人數：1401萬人

　　大田國際博覽會主題為「新發展之路的挑戰」，中國稱為「新的起飛之路」，強調「持續和綠的發展」，「傳統技術和現代科學的協調」及「資源的有效利用和再利用」為副主題。展期由1993年8月6日至11月7日，108個國家和33個國際組織參展，參訪總人數計1401萬人次。

　　這一屆的吉祥物是「夢精靈」（韓語音譯Kumdori），是一個能施展各種本領的宇宙小精靈的形象，表達了人類對科學技術的夢想。

　　而大田國際博覽會達到韓國人目睹了世界各國的傳統技術和現代科技成果，工業發展國家展現了高科技，已發展中國家則展出傳統文化和工藝。新世代交通工具、宇宙太空飛行科技、電子通訊科技、環境保護新科技成果、機器人和新材料的開發、新能源和替代能源研究的最新成果等使得韓國觀眾大開眼界，提升對新科技的認識。

　　大田國際博覽會對當地的重大發展，根據世界博覽會公約的第一條規定：「世界博覽會係一種展示會，不論其名稱為何，以教育和啟蒙一

般大眾為主要目的。世界博覽會展現人類透過努力而獲得的發展成果、對未來的希望、追求新的發展」。因此舉辦世界博覽會的意義遠超出單純經濟效益之範圍，而具有更廣泛的內涵。從舉辦世界博覽會的宗旨可以引伸出的一項重要內涵就是為開發中的地區提供更好的發展機會。

　　大田國際博覽會是在世界博覽會史上首次在開發中國家舉辦的世界博覽會，也是世界博覽會對區域均衡發展的首次實踐。當時大田市是南韓的第六大都市（如今排名第五），人口僅有119萬人，處於較落後地區的大都市。透過舉辦博覽會得到的具體發展成效如下：

　　第一、大田市得到向國際發展的新契機，也為日後觀光業甚至經濟、科學、文化等的發展奠定了良好的基礎。如大田市做為科學都市的形象得到國際性宣傳。而且正是基於這種背景，大田市成為世界科學都市聯合會的本部所在地，曾經兩次獲得世界電玩遊戲大賽的主辦權。第二、大田市的基礎設施得到大幅改善。在籌備期間，國際博覽會籌備資金投入都市基礎建設之中，2000億韓圜投入市內基礎建設，7000億韓圜投入大田市周邊基礎建設。據官方報導，為舉辦國際博覽會而進行的道路、河川和交通等都市基礎建設至少使大田市的發展提前了10年。尤其是交通環境的改善，為大田市的進一步經濟發展奠定良好基礎。

　　第三、國際博覽會留下的永久性設施以及利用會場空地所興建的設施成為大田市發展各項產業的重要資源。永久性設施區域留用後發展為科學主題公園，為了進一步開發科學公園資源的潛力，南韓在2005 年將科學公園內的部分設施改造成遊樂設施和影像文化場所，又規劃公園重新組合為遊樂、科技和文化三大區，在2010 年科學公園內的北區改造成高科技文化產業園區，建立數位媒體區、影視區、電子遊樂區、管理支援區和動畫影像吉祥物館等。

看郵票遊世博

南韓

◆南韓在1990年12月12日發行第一次大田國際博覽會郵票兩款和小全張兩款，每款小全張含兩枚郵票，面值100韓圜的圖案主題是吉祥物「夢精靈」，面值440韓圜的圖案主題是博覽會標誌。

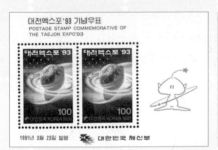 

◆南韓在1991年3月23日發行第二次大田國際博覽會郵票兩款和小全張兩款，每款小全張含兩枚郵票，面值皆為100韓圜，其中一款的圖案主題是地球，另一款的圖案主題是高93公尺的博覽會地標塔——韓語的英文音譯為「Hanbit-tap」、英文意譯為「Tower of Great Light」即「大光塔」。

◆南韓在1992年8月7日發行第三次大田國際博覽會郵票兩款和小全張兩款，每款小全張含兩枚郵票，面值皆為100韓圜，其中一款的圖案主題是世界博覽會國際展覽局的徽章，另一款的圖案主題是鳥瞰博覽會會場（The Bird's Eye view of EXPO）。

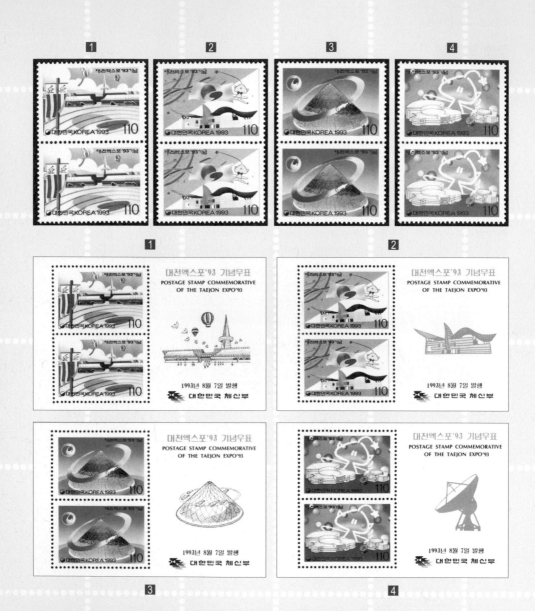

◆南韓在1993年8月7日發行第四次大田國際博覽會郵票四款和小全張四款,每款小全張含兩枚郵票,面值皆為110韓圜,圖案主題分別是 **1** 南韓政府展示館、**2** 國際展示館(外形像飛翔的鴿子,圖案上方上印吉祥物和會期)、**3** 資源再運用藝術展示館、**4** 電訊展示館。

2000
德國漢諾威世界博覽會

英文：EXPO 2000
主題：人類、自然和科技
地點：德國 漢諾威
展期：2000年6月1日～2000年10月31日
總面積：
參加國：155國
參觀人數：2521萬人

　　2000年德國漢諾威世博覽會展期為2000年6月1日至2000年10月31日，主題是「人類、自然和科技」，探討世界中的地球暖化等環境問題，故又稱為「環境」主題世界博覽會。參訪總人數原先預計有4千萬人次，實際卻只有2521萬人次，而造成巨額虧損。但參展單位高達191個，包含155國家，創下了最多紀錄。

　　漢諾威（Hanover）位於德國西北部的下札克森邦（Niedersachsen），是該邦首府，面積204.01平方公里，2008年6月30日的人口統計數518,088。

　　中世紀時期，在萊內河（Die Leinc）岸邊建立的城鎮；原名為Honovere，可譯成「高的河岸」。最早是一個住著漁夫和擺渡者的小村莊，到了13世紀，逐漸發展成一個較大的城鎮。14世紀，漢諾威教堂建立，同時還建造了有三個城門的城牆，用以保護城市。1636年加連堡（Calenberg）公爵決定把他的宅第搬遷到漢諾威，他的公國後來

◆哲爾吉‧瓦達茲設計的匈牙利館（摘自《世博與建築》）

也就被稱為「漢諾威公國」。他的後裔中出現幾位英國國王，其中的第一位就是喬治一世（George I，在1714年即位），共有三位英國國王同時兼任漢諾威的選帝侯。1837年，英國和漢諾威的共主邦聯關係中止，因為威廉四世在英國的繼承人是女性，而漢諾威則只能由男性繼承。之後，漢諾威王國一直延續到1866年，在當年被普魯士吞併。在被吞併之後，漢諾威人民一直反對普魯士政權。然而，漢諾威繼續成長；直到第二次世界大戰，整個城市的三分之二被盟國轟炸機炸成廢墟。

戰後，漢諾威以承辦商業博覽會而聞名，1947年英國佔領區的軍管政府促成舉辦工業博覽會，在一家名叫聯合輕合金工廠的廠址舉辦展覽會，沒想到展覽會竟然大獲成功，有幾十萬人前來參觀，此次展覽會隨後發展成世界上最大的工業博覽會。每年4月，來自全球6000多家廠商參展，成為世界最新機器設備和新技術的指標。除了一年一度的工業博覽會外，1986年起又從工業博覽會分出CeBIT（辦公技術、資訊通信展覽）、航空博覽會、國際建築博覽會等，將博覽事業提升到新的層次。

看郵票遊世博

1 1991年1月8日德國發行一款漢諾威建城七百五十周年紀念郵票，面值60分尼，圖案主題是漢諾威的主要建築物，正中的青色圓頂建築是新市政廳，新市政廳左側高塔是市集廣場教堂。

2 德國在1998年發行一款2000年漢諾威世界博覽會宣傳郵票，面值110分尼，圖案主題是「EXPO 2000 HANNOVER」博覽會標誌、左下側印「DIE WELTAUSSTELLUNG」即「世界展覽會」之意、左上側印「1.6.-31.10.2000」即「展期從2000年6月1日至10月31日」之意。

3 德國在1999年發行一款2000年漢諾威世界博覽會宣傳郵票，面值110分尼，圖案左下側印「EXPO 2000 HANNOVER」即「2000年漢諾威世界博覽會」之意、左上側印「Die Weltausstellung」即「世界展覽會」之意、右下側印「Deutschland」即「德國」之意、右上側印「1.6.-31.10.2000」即「展期從2000年6月1日至10月31日」之意，圖案採部分重疊及複雜的構圖，左下是歐洲和地中海的地圖、左上是風力發電的風扇柱和太空梭、右上是博覽會的變化圖形標誌、右中是空中巴士噴射客機和德國高鐵的電力列車、右下是右手繪設計圖、中間印一株綠葉。

德國在2000年發行兩款2000年漢諾威世界博覽會紀念郵票，**4** 面值100分尼圖案的左上印眼睛表示「觀看博覽會」、右下印博覽會的變化圖形標誌，**5** 面值110分尼圖案的中上印從太空拍攝的地球、右上印手指紋表示「用手觸摸資訊設備」、左下印博覽會的變化圖形標誌。

2005
日本愛知國際博覽會

英文：The 2005 World Exposition, Aichi, Japan
主題：自然的睿智
地點：日本愛知
展期：2005年3月25日～2005年9月25日
總面積：約173公頃
參加國：121國
參觀人數：22,049,544人

　　2005年3月25日～2005年9月25日，為期185天的2005年日本國際博覽會，略稱為愛知萬博，在愛知縣的瀨戶市、長久手町以及豐田市舉行，會場的總面積約占173公頃；參展國共計121國，另外有4個國際機關參展，為期半年的愛知世博會是成功的，展期半年，參觀人次遠超過預定目標的1,500萬人次的，參訪總人數為22,049,544人次。調查顯示，觀眾平均待在會場的時間約有6小時，每天約有來自60個國家的觀眾入場。

　　主題為「自然的睿智」，副主題為「宇宙、生命和資訊」、「生命的做事能力和智慧」、「循環型社會」，強調「人類與大自然共存的智慧」，「以循環再生的未來科技」為展出重點，探討人與自然如何共存，主要提倡從全球範圍來尋求各種課題的解決方法，同時使社會各界都體驗到最尖端的技術，並積極引進這些嶄新的社會體系。其重要意義在於，本次博覽會超越國境，使多種價值觀共存，由此必然會引發出新的機運。此種成效，將成為全人類的共有財富，奉獻給未來的孩子們。

　　值得注意的是此次博覽會還首次試用在入場券中導入微型集成片的設計，並印上日本國際博覽會正式吉祥物「森林爺爺」和「森林小子」的畫像，將0.4mm大小的微型集成片嵌入每一張入場券中，這種可以防偽、又可使每一張入場券有一個固定的密碼（ID號碼），只要通過讀碼器能很容易地辨別真偽，參觀者可持票指定各館的參觀時間，再依指定時間入場，這不只讓參觀者省去排隊時間，也讓主辦單位能有效控人潮，可說是高科技的展現，讓人不得不佩服日本提早把科技往前推進。

　　精打細算的日本國際博覽會協會透過本次世博會名利雙收：場內所有材料都可再生，實現了垃圾零排放；世博會結束後，工作人員還要工作到10月末，直到大部分展館拆掉後重新建成公園；節約辦世博的理念不僅給人以珍惜資源的印象，也為主辦方節省了大量成本。

吉祥物設定

●森林小子「Kiccoro」

森林小子剛出生，喜歡到處亂跑，精力旺盛，總想觀看這個、嘗試那個。他特別希望在愛知世界博覽會上結交許多新朋友。

●森林爺爺「Morizo」

森林爺爺已經在森林裏住了很久，和藹可親，又不失威嚴。他的知識淵博，但仍然充滿了好奇心。聽到要舉辦「愛知世界博覽會」的消息，他就積極想為「愛知世界博覽會」助一臂之力。

近畿日本鐵道株式會社在2005年發行一款紀念「愛知地球博」的乘車儲值卡（面額1000日圓），左上印「愛知地球博」的標誌，圖案主題是「愛知地球博」的吉祥物：森林小子「キッコロ」和森林爺爺「モリゾー」。

看郵票遊世博

日本

日本在2004年3月25日發行2005年日本國際博覽會記念及附捐郵票,採版張內含五套郵票方式印刷,郵票採連刷方式,面值皆為80圓附加10圓(作為捐款),左聯圖案背景是地球、主題是吉祥物:「森林小子」和「森林爺爺」,右聯是背景是櫻花、主題是吉祥物:「森林小子」和「森林爺爺」。版張共十款,分全國版(發行數量255萬張)一款和日本民間企業展示館版(45萬張)九款。

◆全國版的上方印會場俯瞰圖,主要是「長久手會場」、右上是「瀨戶會場」,兩個會場間可以免費搭乘森林爺爺纜車廂俯瞰會場,長久手會場內的南北間得付費搭乘森林小子纜車廂俯瞰會場。

◆日本民間企業展示館版的上方分別印。

1.出展者:電氣事業連合會,主題是「ワンダーサーカス電力館」即「Wonder circlus 奇趣電力館 」。

◆2.出展者：JR東海（東海鐵道株式會社），主題是JR東海「超電導リニア館」即「磁浮列車館」。

◆3.出展者：日本汽車工會，主題是神奇展覽車WONDER WHEEL館。

◆24.出展者：三菱愛知萬博會綜合委員會，主題是三菱未來館@earth。

◆5.出展者：豐田集團，主題是i-unit即未來的個人概念車。

（上述四館位於企業展覽區A）

◆6.出展者：日立集團，主題是日立
集團館。

◆7.出展者：「愛‧地球博三井集團
出展者會」，主題是三井‧東芝館。

◆8.出展者：中日新聞演出共同館組
織委員會，主題是夢幻山。

◆9.出展者：社團法人日本瓦斯協
會，主題是瓦斯館。

愛知世界博覽會的會場其實位於名古屋近郊，所以要前往會場必須在名古屋轉乘，而名古屋是愛知縣廳的所在地，又是日本的大港都，所以參觀者大都會順便到名古屋遊覽和觀光，名古屋也因此獲得相當可觀的經濟利益。位於愛知縣常滑市（名古屋南方）的國際機場，日本稱為「中部国際空港」（Chubu Centrair International Airport）又稱為「名古屋（中部）空港」，在200年8月1日開始動工，興建於伊勢灣的一個人工島上，這是配合2005年愛知世界博覽會所做的最大投資工程，在愛知博覽會開幕前的2005年2月17日正式啟用。

◆愛知世博會海報

「中部国際空港開港記念」郵票

日本在2005年2月1日發行一款「中部国際空港開港記念」郵票，面值80圓，圖案主題是一架波音747型噴射客機從跑道升空。

中部国際空港開港記念

「名古屋港」開港一百周年

日本為迎接2007年11月的「名古屋港」開港一百周年，在平成19（2007）年11月5日發行一款「名古屋港」記念大型張，圖案以當地5個市區村（名古屋市港區、知多市、飛島村、彌富市、東海市）指定花（代表該地方的花卉）和名古屋港的名勝加以組合描繪而成，上至下分別是：

1 名古屋市港區：「南極觀測船富士號」和「朱槿」（學名：Hibiscus rosa-sinensis）。

2 知多市：「名古屋港水族館」（海豚表演）和「杜鵑花」。

3 飛島村：「名古屋港三連橋」和「菊」。

4 彌富市：「煙火」和「金魚草」。

5 東海市：「名古屋港全景」和「皐月杜鵑花」（學名：Rhododendron indicum）。

! 南極觀測船富士號的基準排水量：5,250噸，全長：100公尺、幅：22.0公尺，時速：16海浬，可搭載3架直昇機，人員：245名，1965年就航，1984年退役，1985年起停泊在名古屋港埠頭，改為「南極的博物館」記念艦和位於附近的名古屋港大廈的「名古屋海洋博物館」成為觀光景點。

而「名港トリトン（Triton）」指名古屋港區的三座連通道路橋，專業術語稱為「海上斜張橋梁群」，位於伊勢灣岸汽車道中伊勢灣岸道路的東海IC（交流道）至飛島IC之間，當地稱為「三つ橋」（三座橋）。由西至東，分別是名港西大橋（橋長：758公尺）、名港中央大橋（橋長：1,170公尺）、名港東大橋（橋長：700公尺），為了識別區分起見，橋柱和橋墩分別漆成紅、白、青三色，1985年起規劃施工，1998年3月30日開通。

註 Triton是指希臘神話中海神——崔坦，手持三叉戟，上半身呈人形、下半身呈魚形；「Tri」是「三」之意。

最特殊的展覽物──古代長毛象

尤卡基爾長毛象在日本「愛知博覽會」的世界首展，當時造成了2000多萬參觀者大排長龍、爭相目睹之盛況。

全世界第二站於2008年7月至11月初在台灣民主紀念館（原中正紀念堂）展出，4個月的參觀人數逾50萬人次；11月18日起至2009年3月移到台中自然科學博物館展出。

◆古代長毛象的基本資料

名稱：以被發現之地命名為「尤卡基爾長毛象」。

年代：距今約18,000年（利用骨骼和毛髮裡所含放射性炭素所做的年代推測得知）在2002年出土。

年齡：推測在40～45歲之間，由牙齒的大小以及彎曲的方式，判斷應該是一個成熟的個體已經長大。

性別：由象頭的大小以及牙齒的彎曲方式來看，判斷應該是一頭公象。

象肩的高度：大約2.8公尺（由所發現的左前肢各部位長度的合計總長推測得知，或是利用現有研究亞洲象的前肢圓周與肩高關係的計算公式推測得知）。

重量：重約4～5噸（和其肩高大約相同的亞洲公象體重推測大約接近5噸。如果以目前研究所使用的計算公式計算，即從上腕骨的長度來求整個象身的重量的計算公式計算，則推測體重大約為4～5噸）。

古代長毛象在2002年8月出土，位於西伯利亞東北方靠近北極圈的極寒地帶，俄羅斯聯邦薩哈（Sakha）共和國北部臨海的尤卡基爾村東南方30公里處，一對尖牙由平地崛起，絆倒了外出狩獵的尤卡基爾村民。這份天賜的象牙寶藏於焉出土，更意外的是掘出整顆長毛象頭，令人

日本在2005年3月25日發行2005年日本國際博覽會記念郵票，採連刷方式，面值皆為80圓，圖案背景是象徵冰河時期的地球，左聯是尤卡基爾長毛象的象牙連同頭顱，右聯是尤卡基爾長毛象的想像圖。

振奮的是，肌膚完好還有彈性，一對彎曲長牙逾2公尺。消息立即傳遍世界，瑞士藥商輝凌製藥（Ferring Pharmaceuticals）董事會執行主席鮑爾森（Fredrick Paulsen）得知後，立刻出資買下，捐贈給該國俄羅斯聯邦薩哈共和國首都雅庫茲克的長毛象博物館冰藏下來，此一義舉，造就日後世人有幸親眼目睹此款古老的自然界奇蹟。

此後兩年，2003年到2004年探險家和學者們組成了長毛象調查小組，為找尋其餘的遺骸，在象頭出土的冰原上展開四次挖鑿，果然挖出了膚毛完整的左前足以及頸椎、肩骨、胸骨、腿骨等遺骨。

◆尤卡基爾長毛象，連同頭顱、左前肢以及骨架等其他被發現的部位，一併被放置於緊鄰「全球之家」（global house）的冷凍展覽室之內。冷凍展覽室內終日將維持攝氏零下15度的低溫，參觀者可以透過玻璃窗觀覽展示物。在「全球之家」的展示區內舉行有關古代長毛象的相關展覽，包括根據對尤卡基爾長毛象做測量時所得的數據而量身打造的全身模型，對長毛象及當時的地球環境所作研究的成果、進行挖掘調查時的實際情形資料圖像。

2008
薩拉戈薩世界博覽會

英文：Expo Zaragoza 2008
主題：水和永續發展
地點：西班牙薩拉戈薩
展期：2008年6月14日～9月14日
參加國：104個

2008年薩拉戈薩世界博覽會展出地點在薩拉戈薩，是西班牙東北部阿拉貢自治區的首府，為西班牙第五大城市。薩拉戈薩位於西班牙高速鐵路—馬德里至巴塞隆納線的中間，距離馬德里306.7公里、行車時間1小時15分，距離巴塞隆納314.2公里、行車時間1小時30分。

展期從2008年6月14日至9月14日，主題是「水和永續發展」（Water and sustainable development），此屆世博吉祥物名為Fluvi，來自拉丁文Flumen Vitae意思為「生命之水」。共有104個國家和17個西班牙自治區、2個自治市參展，另外還有聯合國和歐洲聯盟。

西班牙館的主題是「水之風景」，佔地8000平方公尺。展示館模仿一個森林，透過節約能源，維持一個局部的微型溫和氣候。內有五個展示區，以不同方式展示水對人類的重要性。而阿拉貢館的外型像一個大籃子，展示名稱為「水與未來」，展示阿拉貢地區與水之間關係的演變。

而本次博覽會的主題展示館為橋館、水塔及水族館：

◆橋館

　　由伊拉克裔的英國設計家薩哈・哈帝所設計的，由於當初希望能有個標誌性的建築，讓人不由得眼睛一亮的「哇～建築」而產生出獨特的鯊魚皮樣貌，也的確讓人驚豔。

◆水塔

　　高76公尺，以玻璃幕牆所組成，樓內設有「水——生命之源」展覽，介紹水的特性和對生命的重要性。

◆2008世博會吉祥物

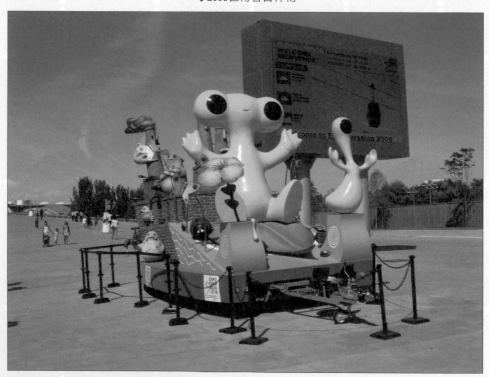

◆水族館

全歐洲最大的水族館。館內可欣賞世界其中5條大河景色，分別是非洲的尼羅河（Nile）、東南亞的湄公河（Mekong）、南美的亞馬遜河（Amazon river）、澳洲東部的莫累——達令河（Murray-Darling river）、西班牙的厄布羅河（Ebro）。

在河畔興建靈感源自「水」的六個主題廣場：

（1）「水的啟發」：以街頭藝術和現代藝術的形式，寓樂於構想，強調水和可持續發展的重要性；

（2）「極端的水」：這個廣場前臨河流，在圓形劇場的旁邊，外形模仿海浪沖上海灘的一刻，同時讓參觀者反省人類在水災中的角色，是造禍者，也是受害者。使人們深刻體會水的極端性，以及合理利用水資源，使得水資源造福人類的必要性。

（3）「口渴」：有一座在充氣體上堆積而成的鹽山，以此來比喻口渴。在裡面參觀者可以直接體驗「口渴」

（4）「家園、水和能源」：坐落於河景水族館和「水之城」廣場旁，參觀者能夠切身感受到水具有儲備能量和轉換能量的強大功能。

（5）「水之城」：其特色是它的展示館沒有牆壁，完全透明，只有一個象徵整個現代城市的棚架式屋頂，所表現的是水可以成為城市中的觀賞物、水是我們的朋友、城市中的水資源可以循環利用和水讓人類生活變得史美好。

（6）「水共享」：分為迷宮、天橋和人工大河谷地帶，展示的意義是要建立一個概念：因政治的劃分影響到水資源的管理，唯有合作開發利用水資源才是共同努力的目標。

看郵票遊世博

西班牙

西班牙在2008年6月13日發行一款「2008年薩拉戈薩世界博覽會郵票小全張」，小全張圖案左下印世博會的標誌——用水寫出一個「Z」字形、從小全張圖案主題是伊布羅河（Ebro）觀看聖母顯靈柱大教堂（Basilica de Ntra. Sra. del Pilar）全景。小全張內含一枚郵票面值2.60歐元，圖案主題是位於薩拉戈薩市顯靈柱（Pilar）廣場上的哥雅紀念碑，名畫家弗朗西斯科·哥雅的銅製雕像豎立在一塊巨型獨石上，哥雅（Francisco de Goya）在1746年出生於薩拉戈薩南部的Fuendetodos，雕像是藝術家馬蕾絲（Federico Marés）在1960年的作品。傳說耶穌十二門徒之一的聖詹姆士（St James the greater）佈道時見證聖母從天而降的神跡顯靈於大理石柱上，該聖址即陸續擴建教堂迄17世紀。現在的建築物是1681年至1872年間興建，為巴洛克風格的代表作，教堂長130公尺、幅寬67公尺，共有11座小尖塔和4座高塔（即兩側各有兩座高塔），教堂內部裝飾精美，圓頂的聖母壁畫出自哥雅之手，教堂中最引人注目的是聖母顯靈柱。

西非的幾內亞-比紹

位於西非的幾內亞-比紹（GUINÉ–BISSAU，1973年獨立前是葡萄牙的殖民地）在2008年發行紀念薩拉戈薩世界博覽會的小版張和小全張。

◆小版張內含4枚郵票，面值皆為500西非法郎（FCFA），左上的圖案是凱撒·奧古斯都（Caesar Augusto，公元前63年9月23日～14年8月19日，羅馬帝國的開國君王，薩拉戈薩城是在他入侵西班牙時所建立）雕像、背景是聖母顯靈柱大教堂，右上的圖案是西班牙國有鐵路的Civia通勤列車、背景是聖母顯靈柱大教堂的高塔和埃布羅河，左下的圖案是位於聖母顯靈柱大教堂旁的彼得橋上的雄獅雕像、背景是聖母顯靈柱大教堂的小尖塔，右下的圖案是名畫家哥雅（Goya，1746～1828）銅製雕像、背景是城堡式的阿爾哈菲莉亞宮。

小版張圖案的右上是西班牙地圖標示薩拉戈薩的位置和薩拉戈薩市旗，右中是拉里那軋宮，右下是西班牙高速鐵路的S–130型電力列車（Renfe S–130），左下是位於彼得橋旁的聖薩爾瓦多教堂。

◆小全張內含1枚郵票，面值3000西非法郎（FCFA），圖案是在阿爾哈菲莉亞宮和耶穌像（受刑前頭戴用荊棘編成的冠冕）。

小全張圖案的右上是薩拉戈薩市街景觀，左上是西班牙地圖標示薩拉戈薩的位置和薩拉戈薩市徽，左下是表演者雙手正舞弄象徵水滴的發亮球體，背景是西班牙國有鐵路的465級電力列車正通過橋樑。

註 S–130型在2007年9月6日開始營運，列車的頭尾各有一輛電力機關車、中間連結11輛客車，列車總長度180公尺，可搭載299名乘客，最高時速250公里。

2010
上海世界博覽會

英文：EXPO 2010 Shanghai China
主題：城市，讓生活更美好
地點：中國上海
展期：2010年5月1日～10月31日

　　從2001年5月上海市政府開始申請，2002年12月通過申辦，直到2010年需要用將近10年的時間去籌備實現舉辦世界博覽會的夢想。

　　2010年世界博覽會在上海舉辦，主辦當局將此次世界博覽會訂為探討人類城市生活的盛會，像是一曲以「創新」和「融合」為主旋律的交響樂，將成為人類文明的一次精彩對話。上海世界博覽會的會徽和吉祥物圖案表現了世界多元文化的融合和發展。

　　上海世界博覽會展期自2010年5月1日至10月31日，主題為「城市，讓生活更美好」（Better City, Better Life），吉祥物為「海寶」。園區位置位於上海世博會場地位於南浦大橋和盧浦大橋之間，沿著上海市區黃浦江兩岸進行布局。世博園區規劃用地範圍為5.28平方公里（即528公頃），其中浦東部分為3.93平方公里，浦西部分為1.35平方公里。圍欄區域（收取門票）範圍約為3.28平方公里。投資總額達300億元人民幣，是世界博覽會史上最大規模。

　　至於園區則規劃了，一軸四館指的的是世博軸、中國國家館、世博

會主題館、世博中心和世博會演藝中心等5個標誌性的永久建築。

1◆世博軸

位置：浦東世博園區中心地帶

功能：大型商業、交通綜合體，是世博園區最大的單體項目，也是世博園區空間景觀和人流交通的主軸線

2◆中國國家館

位置：世博會園區浦東B片區，世博軸東側

3◆世博主題館

位置：B片區世博軸西側

4◆世博中心

位置：盧浦大橋東側世博園區B片區濱江綠地內

5◆世博演藝中心

位置：世博會園區浦東B片區，世博軸以東

中國打算藉由此次博覽會讓世界了解已高度發展後的中國經濟、人文實力，相信此次世博會的可看性極高。

◆上海世博會唯一的台灣企業館「震旦館」。

上海景物明信片寫真

上海因為地處長江出海口，所以簡稱滬。位於中國東部海岸線的中心，轄地面積6340平方公里，1985年統計人口數約1217萬，2008年12月統計則增加到1888萬，隸屬於中央直接管轄的都市。

上海是輕重工業類別較齊全、生產能力較大的綜合性工業生產基地，中國最大的工商業都市和通商港口。

上海是中國近代經濟、文化事業發展較早的地方，也是科學技術和文化教育的中心之一，並且是一個正在繼續蓬勃發展的港都。

2008年，中國最高建築──「上海環球金融中心」正式開放。同年，上海市政府宣佈高達500公尺的「上海中心」開始動工，預計將成為中國新的最高建築。

上海著名景點

中國郵政在1987年發行一組郵資明信片，以上海著名景點為圖案主題，內含10片，茲簡介於下：

◆上海外灘（一）

◆上海外灘（二）

上海外灘（The Bund原為築堤・埠頭之意）又名中山東一路，簡稱外灘（外國人聚集的江灘）。全長1108公尺，南起延安東路，北至蘇州河上的外白渡橋，東面即黃浦江，西面是舊上海金融、外貿機構的集中地，沿路有二十餘座的西式古典風格大樓（大都是英國商人集資興建），近年來上海外灘的景觀又被新建的許多摩天大樓改變了不少。

◆上海體育館

◆上海豫園

上海體育館位於上海黃浦區安仁街，佔地1.9萬平方尺，明代江南的私人花園。建於16世紀，充分展現了中國古典園林的建築與設計風格。

豫園於1961年開始對公眾開放，1982年被中國國務院列為全國重點文物保護單位。

◆上海市區鳥瞰

◆上海寶山鋼鐵廠

位於長江南岸邊的上海市寶山區，中國第二大的鋼鐵廠（僅次於東北的鞍山鋼鐵廠），1978年12月開始興建。

◆中國共產黨第一次全國代表大會會址，簡稱中共一大會址

位於中國上海盧灣區興業路76號（原上海法租界望志路106號），是一幢的石庫門里弄房屋，曾經是中共一大代表李漢俊的寓所。中國共產黨第一次全國代表大會於1921年7月23日至30日在樓下客堂間舉行。最後一天因受到租界巡捕的注意，會議轉移到浙江嘉興南湖的遊船上舉行。1961年，中共一大會址被列為第一批全國重點文物保護單位。

會址內的紀念館於1999年5月27日對外開放，面積達450平方公尺，展示中國共產黨創立時的史跡和文物。當中包括革命文物、文獻和歷史照片148件，117件文物原件，其中24件更是國家一級文物。紀念館內其中一個展區按中共「一大」會議室原況模擬了一個蠟像情景。紀念館下層設有設有門廳、多功能學術報告廳和貴賓廳。

◆上海虹口公園魯迅墓

虹口公園在1988年改名為魯迅公園，位於四川北路，佔地面積28.63萬平方公尺，原為1896年興建的外國商團打靶場，1922年改為虹口公園，魯迅墓在1956年遷入。魯迅是中國20世紀著名作家周樹人（本名周樟壽）的筆名，生於1881年9月25日，1936年10月19日去世。

◆上海外白渡橋（Garden Bridge of Shanghai）

白渡橋位於中國上海市區蘇州河匯入黃浦江口附近的一座鐵橋，是中國第一座全鋼結構鉚接的橋樑，也是當今中國唯一留存的不等高桁架結構式橋。1906年8月4日動工，1907年12月29日完工，1908年1月20日啟用。因為臨近外灘公園，故命名為公園橋（Garden Bridge），因為免費開放通行，當地人俗稱為外白渡橋。

該橋目前為鋼架結構式，有兩座鋼拱，全長106.7公尺，跨幅52.16公尺，寬18.4公尺，車行道共寬11.2公尺，兩側人行道各寬3.6公尺。該橋北為黃浦路、大名路、長治路和北蘇州路，南為中山東一路和南蘇州路，橋北有上海大廈和俄羅斯駐上海總領事館，橋南是黃浦公園。

◆上海蘇州河

蘇州河原稱吳淞江，古稱松江、松陵江，黃浦江主要支流。發源於太湖瓜涇口，在上海市區外白渡橋附近匯入黃浦江，全長125公里，上海境內54公里。

看郵票遊世博

上海浦東

中國郵政在1996年9月21日發行《上海浦東》特種郵票一組六款和小全張一款。

◆面值10分的圖案名稱是《上海浦東的通信與交通》。

◆面值20分圖名《上海浦東陸家嘴金融貿易區》。

◆面值20分圖名《上海浦東金橋出口加工區》。

◆面值50分圖名《上海浦東張江高科技園區》。

◆面值60分圖名《上海浦東外高橋保稅區》。

◆面值100分圖名《上海浦東的生活社區》

上海浦東新區面積522平方公里，位於黃浦江以東而得名，和上海市中心隔江相望，瀕臨中國東海。1994年4月，中國政府向世界宣佈開發開放浦東，並決定以上海浦東開發開放為龍頭，儘快把上海建成國際經濟、金融、貿易中心之一，帶動長江三角洲和整個長江流域地區經濟的新飛躍，到了1996年，浦東的面貌發生了巨大變化，高樓建築陸續興建，呈現欣欣向榮的新氣象。

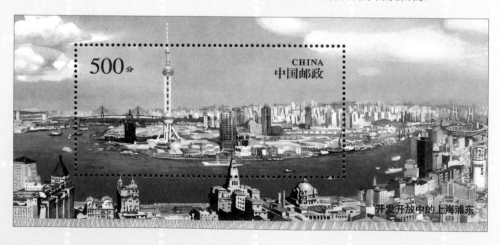

开发开放中的上海浦东

龍華寺

位於加勒比海、荷蘭所屬的安地列群島在1997年發行一款小全張,紀念當年在上海舉行的國際郵票和錢幣展,內含一枚郵票面值90分,圖案左方是龍華寺的七層樓龍華塔（建於北宋時期的公元977年）、右上是1925年上海的外灘景觀、右下是1997年上海的外灘景觀。

龍華寺是位於上海市徐匯區的一座佛教寺廟。歷經戰亂,重建修復,現今龍華寺的建築則建於清朝光緒年間。

東方明珠廣播電視塔

位於南太平洋的諾福克島在1997年發行一款小全張,紀念當年在上海舉行的國際郵票和錢幣展,內含一枚郵票面值45分,郵票圖案主題是東方明珠廣播電視塔,小全張的背景主題是世界最大的鋼纜拉撐橋。

❗ 東方明珠廣播電視塔,又名東方明珠塔,是一座位於上海的電視塔。位於中國上海浦東新區陸家嘴,毗鄰黃浦江,與外灘隔江相望。

東方明珠塔是由上海現代建築設計（集團）有限公司的江歡成設計。在1991年動工,1994年竣工,投資總額達8.3億元人民幣。高467.9公尺,亞洲第一,世界第三高,僅次於加拿大的加拿大國家電視塔（553.3公尺）及俄羅斯的奧斯坦金諾電視塔（540.1公尺）。東方明珠塔是上海地標之一,是中國大陸1994年至2007年間的最高建築,2007年被上海環球金融中心超越。因有線電視的普及,原本計劃以電視廣播為主的東方明珠塔在建成後不久就很少再進行電視節目傳送,而以旅遊觀光和電台廣播為主。

東方明珠廣播電視塔由三根直徑為9公尺的擎天立柱、太空艙、上球體、下球體、5個小球、塔座和廣場組成。而楊浦大橋,位於中國上海市楊浦區與浦東新區之間的黃浦江上,繼南浦大橋之後又一座跨越黃浦江的大型橋樑,是上海市內環線道路的一個主要組成部分。主橋為雙塔三孔結合樑斜張橋（中國稱為斜拉橋）,跨江幅度分別為243 + 602 + 243公尺,中央橋段的跨江幅度602公尺,猶如一道橫跨浦江的彩虹,其跨幅在世界斜張橋中排行第三。該橋是黃浦江上的第二座大橋,1991年4月29日動工,1993年9月15日完工,歷時僅2年5個月。該橋總長7658公尺,主橋長1172公尺、寬30.35公尺,共設6條車道,兩側各有寬兩公尺的人行道,在1993年10月通車。主橋柱塔高220公尺,塔的兩側以32對鋼索連接主樑,呈扇面展開,如巨大琴弦。

上海吉祥物

中國集郵總公司在2007年12月19日發行「中國2010年上海世界博覽會會徽和吉祥物」特種郵票一套，共兩款，面值1.20元的主題是會徽（2-1），面值1.20元的主題是吉祥物（2-2）。在整版大全張的上邊紙則印英文的2010年世界博覽會宣傳圖（集郵名詞稱為版銘），並列印：

中國2010年上海世博會 中國2010年上海世博會

時間：2010年5月1日～10月31日（184天）

會徽和吉祥物　主題：城市，讓生活更美好

地點：上海市中心黃浦江兩岸，盧浦大橋與南浦大橋之間的濱水區域

中國2010年上海世界博覽會會徽

中國集郵總公司在2008年12月17日發行「中國2010年上海世界博覽會會徽」個性化服務專看郵票一款，面值1.20元，附票圖案印著「2008年12月17日上海世博會倒計時500天」。「中國2010年上海世界博覽會會徽」，以漢字之「世」字書法創意為形。「世」字圖形寓意三人合臂相擁，像似美滿幸福、相攜同樂的家庭，也可抽象比喻為「你、我、他」廣義的人類，對和諧生活的美好追求，表達世界博覽會所主張的「理解、溝通、歡聚、合作」理念，和上海世界博覽會以人為本的積極追求。

2010郵資封

中國郵電部在1993年9月25日發行《上海楊浦大橋建成》紀念郵資信封一款,面值20分,郵資圖案是楊浦大橋,信封左方圖案是大橋位置示意圖。

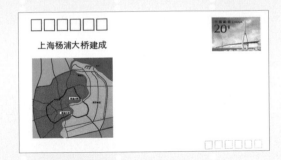

中國集郵總公司在2009年5月1日發行一套「中國與世博會」特種郵票,共兩款,面值均為1.20元,圖案的主題名稱分別是:

「中國參加早期世博會」**1**、「中國參加近期世博會」**2**、「1999昆明世界園藝博覽會」**3**、「中國2010年上海世博」**4**。

! 中國與世博會的結緣可以追溯到1851年的首屆世博會,中國產品在首屆世博會上展出,並獲得多項大獎。此後,中國官方和民間商人以組團參展、寄物參展和派員參觀等各種形式參加世博會。1982年,中國大陸首次參加在美國諾克斯維爾舉辦的世界能源博覽會。中國大陸展示館在1988年、1992年和1993年舉行的世博會被評為「最佳外國展示館」。

國家圖書館出版品預行編目資料

世博與郵票 / 王華南著 ——初版—— 臺北市：佳赫文化行銷，
2009.12
面； 公分

ISBN：978-986-85671-6-0(平裝)

1.郵票

557.647   98022775

What' s Art 005
世博與郵票

作 者：王華南

總編輯：許汝紘

主 編：黃心宜

文 輯：劉宜珍

美 編：楊詠棠

發 行：楊伯江、許麗雪

出 版：佳赫文化行銷有限公司

地 址：台北市大安區忠孝東路四段341號11樓之三

電 話：(02)2740-3939

傳 真：(02)2777-1413

http://www.cultuspeak.com.tw

E-Mail: cultuspeak@cultuspeak.com.tw

劃撥帳號：50040687信實文化行銷有限公司

印刷：漾格科技股份有限公司

地址：台北市中正區牯嶺街53號1樓 電話：（02）2391-5059

總經銷：時報文化出版企業股份有限公司

地址：中和市連城路134巷16號 電話：（02）2306-6842